事例検討会のすすめ

皆のこころで考える心理療法

のすすめ

中村留貴子　岩倉拓　菊池恭子

北村麻紀子　小尻与志乃　**編著**

岩崎学術出版社

はじめに

　事例検討会の意味と意義についてはすでに多くの指摘や議論がなされていますが，本書では，一定の臨床経験を持つ精神分析的心理療法家を対象とした事例検討会の実際とその意味について改めて検討してみたいと思います。

　事例検討会の形式はいろいろあります。初心者を対象とするもの，一定の経験者が集まるもの，いろいろな経験を持つメンバーが同席するもの，一人の指導者の下に集う形，複数の指導者が参加する形，特定の指導者を置かないでメンバー同士で検討しあうものなど，さまざまです。グループ運営の主体が指導者にある場合もメンバーにある場合もあります。そのいずれにも共通するのは，複数のメンバーが集うことによって，そこには一定の社会的な構造が存在することでしょう。個人スーパービジョンとは異なる面持ちの空間になりますし，グループスーパービジョンとも少し違うようです。メンバーの数だけ臨床感覚や理解の仕方，技法の選択などがありますので，同質のものにも異質なものにも触れる機会となります。

　とりわけ異質なものに出会ったとき，私たちの臨床的感覚と理解は一段と進化するように感じます。自分では思ってもいなかったような視点が提示されることもありますし，アセスメント自体も修正を余儀なくされたり，良かれと思ってしたことが否定されたりという経験は皆が共有するところです。自分自身の人間性や臨床家としての資質そのものにダメ出しをされたように感じて，深刻に落ち込むこともあります。そういう苦しいけれども意義ある体験に開かれていくことが，クライエントに対するセラピストとしての姿勢にもつながり，さらなる可能性を開いてくれると思います。

　もちろん，自分の臨床感覚や理解に賛同が得られることによって少しだ

iv

け安心したり，自信につながることもありますが，自分の理解を超えたところからの視点は私たちにとってインパクトのあるものです。そのような体験は事例検討会に限らないことかもしれませんが，グループで学ぶ場合の一つの持ち味ではないかと感じます。自分の中に生まれた理解と異なる視点の間を往復したり，すり合わせてみたりすることで，理解が研ぎ澄まされていくのでしょう。もちろん，私たちの仕事は「これで良い」という到達点はありませんし，だからこそ飽きもせずこの仕事への関心を持ち続けていられる側面もある訳ですが，正しい答えというものはいつもありません。しかし，クライエントの感じている情緒や内的世界に少しでも近づきたいと思いつつ，クライエント並びに自分自身の精神的成長につながるようなかかわりを模索し，少しでもクライエントとの間で意味ある交流を持ちたいと日々願う心理療法家にとって，事例検討会は得難い訓練の場の一つです。

　グループには事例提供者として参加する場合とメンバーとして参加する場合があります。そこでの体験には微妙な違いや温度差があるかもしれませんが，基本的には同じようなことを体験しているのだろうと思います。事例提供者ではなくメンバーとして参加している場合で考えてみますと，発表者に同感するときもあれば，異なる理解や対応が浮かぶことも少なくありません。そういう時に，どのようにそれを伝えることができるのか，どういう表現だったら過度に批判的になったりしないでいられるのか，自分の理解や感覚は果たして皆にも共有してもらえるものなのだろうかなど，さまざまな不安や緊張感を覚えます。発言してみてから，自分の言葉の拙さや意に反した辛辣さ，場違いな感覚などに気がついて落ち込むこともしばしばです。それらを乗り越えて言語化を試み，自分の考えを発信していく練習の機会を事例研検討会は提供してくれます。もちろん，思いついたことは何でも喋った方がいいというわけでもありませんし，グループへの参加の仕方は人それぞれです。積極的に発言するしないにかかわらず，異なる視点に接して，理解しようとして，いろいろ湧き出てくるものの中

から取捨選択して，何かが閃いて，という思考を漂います。

　そして，そのようなそれぞれの内的作業を保証するためにも，グループがグループとして安定していること，連続性一貫性が保たれていることが望ましいでしょう。グループは長く続けていますと，暗黙の了解や凝集する動き，皆で考えて支え合おうという動きが自然発生的に培われていきますので，どんなことでもとりあえず言葉にしてみようという励ましをもらうことができます。やがて，グループの存在自体が一つの拠り所となり，心理療法家としての自分自身を再検証することのできる場になっていくようです。とりわけ，経験豊かな臨床家たちにとっての意義は大きいようです。経験を積むに連れて，個人スーパービジョンなどで自分の事例を誰かに時間をかけて聴いてもらう機会は少なくなっていきますので，自分の事例をまとめて，発表して，さまざまな意見を聞かせてもらうという作業全体が，心理療法家としての一貫性，アイデンティティを支えてくれるように感じています。

　事例検討会での議論の成り行きは，提出される事例の病態水準やパーソナリティ傾向と事例提供者（セラピスト）の在りようによって，その都度興味深く異なります。最近は困難な事例が提供されることが圧倒的に増えましたので，その精神病理についての理解をまずは共有することから始まることが多いように思います。その理解も依って立つ学派の違いによってさまざまではありますが，そのクライエントが一体全体何に困っているのか，何が問題になっているのか，そこにはどのくらいの変化の可能性が潜んでいるのか，などについて考えてみるという視点はメンバーに共通しているようです。そこで起きていることを観察し理解する試みです。そして，クライエントの抱える問題にどのようにアプローチすることが望ましいのか，どのような取り扱いが求められているのか，セラピストのかかわりによって治療関係はどのように展開しているのか，などについて検討します。治療関係・転移関係の取り扱いはメンバーによって微妙に異なりますが，転移の文脈から精神病理や治療関係を推測し，理解を試みるという視

点は共有しています。

　私自身は，精神力動のアセスメントとともに治療構造論的な認識の枠組みを一つの基盤にしていますので，治療関係のなかで起きていることをまずはそのままに把握し，クライエントと共有し，転移空想にアプローチしていくという手法を主としてとっています。治療構造の枠組みのなかでクライエントの内的世界がどのように展開していくのかについての観察と理解に努めます。ですので，そのような視点からグループでも発言することが多いと思いますが，私の意見をメンバーがどのように受け止めてくれているのかはよく分かりません。グループではいろいろな視点からの意見が出されますので，皆で話し合っているうちに，自分の考えに止まらず，新しい着想や理解が生まれることも度々です。議論が進むうちに皆の意見がより総合的となり，共同作業が展開し，あたかも一つのセッションのように時間が流れていきます。

　ここで，私たちのグループについて少し紹介させていただきます。私たちは，精神分析的心理療法についての学びを深め，皆で共有することを目的に，2010年からほぼ月一回の頻度で，精神分析的心理療法の事例検討会として，「精神分析的心理療法セミナー」を開催してきました。これは，小寺記念精神分析研究財団における通年セミナーの一つです。メンバーは，精神分析的心理療法を長年にわたり実践し，研修経験も豊富な中堅以上の臨床心理士が中心で，すでに指導者的な役割を担っている人たちもいます。それぞれの臨床場面も依って立つ学派もさまざまです。グループの成り立ちや経緯についての詳細は本文中に紹介しますが，原則として第一金曜日の夜，10人余のほぼ固定したメンバーで行っています。通常はメンバーが助言者を担当していますが，年に数回はメンバー以外の先生方に助言者として参加していたくこともあります。今のところ，メンバーで助言者を担当しているのは，岩倉拓先生と私ですが，今後は他のメンバーにも担当してもらいたいと思っています。ついでに加えますと，メンバー以外の先生にときどき助言をお願いしていますのは，私自身が閉鎖的ないしは自己

愛的なグループになってしまうことを警戒していたという背景があります。異なる刺激にも開かれたより建設的なグループであり続けたいという願いからの試みでした。

　したがって，このグループは特定の指導者の下に集う研修会ではなく，同じような臨床歴と研修歴を持つ臨床家が集まり，それぞれの立場から自由に意見を交し合うという特徴を持っています。形式上，私が主催者となっていますが，私の役割は「場を提供する」ことにあり，スーパーバイザーではありません。メンバーが参加しやすく，自由に意見を述べることのできる環境になるように心掛けているつもりです。最近は，菊池恭子先生と北村麻紀子先生が世話人を引き受けてくださり，グループの運営全体を担ってくれています。数年前から，10年目の節目として，ここでの学びを一度まとめてみることで，事例検討会の臨床的な意義や研修上の有用性などについて私たちなりの知見を提示することができれば，さらなる学びにもつながるのではないかという意見がメンバーの中から出されるようになりました。そこで，何度かの話し合いを持ち，試行錯誤しながら今回の企画に至ることが出来ました。

　本書の構成については，第1章は，「事例検討会の位置づけ」と題し，そもそも事例検討会とはどのようなものなのかについて論じていただきました。その意義や機能を概観するとともに，そこでの体験の在りようについて，さらには個人スーパービジョンやグループスーパービジョンなどとの異同についても触れていただきました。また，このセミナーにおける事例検討会の成り立ちや形式，特徴もコラムの中で紹介いたします。第2章は，「事例検討会の実際」と題し，実際にどのような検討会が行われているのか，何回かの記録を踏まえて3名の先生に提示をお願いしました。事例の概容もさることながら，そこでの議論の実際，その後の臨床への影響，記録の活用などに焦点を当てて論じていただきました。なお，数年前に今回の書籍化に向けて，毎回順番に記録を担当する試みを行ったことがあります。議論に参加しながらの記録は大変な作業でしたが，事例提供者にと

viii

っては議論の内容を再確認するとともに，自分の記憶に残るものと残りにくいものがあるという振り返りにもつながり，自分の臨床感覚を明確にしてくれる利点もあったようでした。第3章は，「心理療法家としての学び——専門家を目指して」と題し，事例そのものの理解というよりも事例検討会という場面での学びの実際について2名の先生にお願いし，できるだけ具体的実際的に語っていただきました。一定の臨床経験，研修経験を経た上での事例検討会の意義は特に大きいものがあると思いますので，それらについても触れていただきました。最後に，文面では充分に表現しきれないような，より実際的な事例検討会の雰囲気や在りようについてお伝えすることができればという思いから，数名に参加していただいて座談会を行い，その記録を掲載しました。座談会の参加者は司会を除いて匿名とし，事例検討会に参加するにあたっての心構えや心掛けていること，心残りなこと，期待と反省など，自由に語ってもらいました。事例検討会に特化し得るものは特段にはないという結論もあり得ますが，事例検討会の中で体験することのできる何か，気づき，理解，学ぶことのできないもの，問題点や限界などについてより明確にすることができればと思います。さらに，コラムという形で，グループについての概念や体験，記録をとることの意味などについても書いてもらうことにしました。現在の参加者全員になんらかの形でいろいろな角度から事例検討会について語っていただきました。

　今日までこのグループを続けることができたことを思うと，感慨深いものがあります。振り返って思うのは，メンバーの欠席が非常に少なかったことと，皆が少しずつ臨床家として頼もしく見えるようになってきたということです。事例検討会での発言も少しずつ自由で深い理解に基づくものになってきました。多忙な臨床の後にもかかわらず，各自が主体的積極的に参加していました。普段はほとんど接点のないメンバーですし，異なる立場からの発言も多いですから，適度な緊張感はもちろん漂いますが，同じ精神分析的理解に基づくという共有感，一体感がセミナーの安定と持続に貢献していたことは言うまでもありません。精神分析的心理療法は，精

神分析療法とも他の心理療法とも一線を画されるものですが，私たちは精神分析的な取り組みの有用性，臨床的な手応えをたしかに実感しています。その実感を分かち合い，切磋琢磨することのできる事例検討会の意義と魅力の一端を提示することが本書の目的です。したがって，これは言わば私たちの活動記録でもありますが，精神分析的実践に携わる臨床家に限らず，広く心理臨床に携わる臨床家たちにとっても，共感共有することのできる何かをお伝えすることができれば幸いです。

中村 留貴子

目　次

第1章
事例検討会の位置づけ

1 事例検討会のすすめ
── 理解というものは常に誤解の総体に過ぎない

岩倉　拓

　私はさまざまなタイプの事例検討会（ケースカンファレンス）を経験してきたが，一定の条件が整った時，事例検討会は生き生きとした特別な体験となることを実感してきた。

　孤独で，ひとりよがりになりがちな臨床において，事例を選び，見直し，発表することはそれだけで意義深い。事例検討会が首尾よく運ぶ時，メンバーのさまざまなコメントに照らされ，事例とそれを取り巻く全体の視界が拡がり，自分の偏った理解に気づき，新たな理解や気づきがもたらされる。それは参加メンバーに支えられる情緒的な体験ともなる。そんな事例検討会の帰り道には「発表してよかった」と，明日からの臨床の意欲が補充され，参加メンバーも刺激を受け，学ぶ体験となっていることが多い。グループ全体が成長していくのだ。一方，残念ながら同じ帰り道に「発表しなければよかった」「かえって傷ついた」と感じてしまう事例検討会もある。実は，これもインパクトのある体験として学ぶことは多いのだが，この傷つきが大きすぎれば元も子もない。

　私は，事例検討会は多くの可能性を持っているが，その価値と方法は未だ十分に検証され，見出されていないように感じている。本章では事例検討会を再検討し，現代にアップデートさせ，意義ある検討会が実施されるよう具体的な提案まで辿りつこうと思う。

事例検討会の位置づけと可能性

　心理臨床のトレーニングにはさまざまな種類がある。①理論や知識を学ぶ講義形式の研修，②経験のあるメンターであるスーパーバイザーに教えを乞うスーパービジョン（以下SV），③教育分析など臨床家自らがクライエントになる体験，そして④本書のテーマである事例検討会である。

　SVは，1対1で指導を受ける個人SVと，複数のスーパーバイジーとスーパーバイザーで行うグループSVがあり，グループSVと事例検討会は重なる部分も多く，明確な線引きは難しい。グループSVはバイザーからの指導という形式が保たれ，1対1で行う個人SVの「グループ版」と言え，個人SVの経済的・時間的負担から，苦肉の策として考え出された歴史がある。しかし，グループでのSV体験は個人SVの体験とは異なる独特の体験様式がある（鑪，2001）と言われ，「参加者それぞれが自分の見方を提示，検討でき，それを通して自分の見方を知ることができる」（木村，2001）というように複数のメンバーがいることによる効果が指摘され，事例検討会の独自性について考える上で重要であろう。

　事例検討会の目的は，事例を理解することであり，形式としては発表者が事例を提示し参加メンバーがコメントをし，司会者がファシリテーター（促進役）の役割を取る，というスタイルが一般的である。スーパーバイザーがいる場合もいない場合もあるが，発表者の事例に対して，複数の意見が交差し，反映される特徴を持つ。グループSVでは，バイザーである「先生」が教え，指導する関係があり，メンバーはバイザーを中心にしてつながっているが，事例検討会では，発表者と事例というユニットを中心にして，メンバーが放射状に横のつながりをもっていることが特徴と言えよう（図1参照）。線引きが曖昧なグループSVと事例検討会であるが，スーパーバイザーを中心とするか，発表者・事例を中心とするかで区別することができるだろう。

　スーパービジョンは，セラピストの専門家としての研鑽や技術の継承が

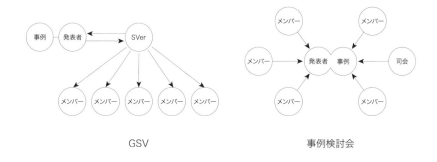

GSV　　　　　　　　　　　事例検討会

図1　グループスーパービジョンと事例検討会

主な目的になるが，事例検討会は，文字通り「事例を検討」することが目的であり発表者，そして究極的にクライエントに資することが目標となる比重が高い。そのため，事例検討会の裾野はSVよりも広いと言え，定期的に同じメンバーで行う事例検討会のみならず，臨床現場や職場での事例検討会，他職種との連携や協働の際に行われる事例検討会，と広がりを持つ。さまざまな臨床現場に心理職の職域が拡大している現在，事例検討会は，事例への理解を深め，どのように関わっていくのかに焦点を当てる極めて実践的な臨床手法となる。教員や養護教諭などと行う学校での事例検討会，医師・看護師・介護などと行う病院や施設における事例検討会，保健師・ケースワーカー・司法関係者などと行う地域自治体での事例検討会[注1]など，職域によってさまざまな形式があり，心理職はそのコーディネートを求められることもある。事例検討会の可能性は，心理職同士のみならず，他職種も含めた複数の目で事例を照らし出していく機能であり，「連携と協働」時代の肝となる。多職種事例検討会は，それぞれのコメン

注1）例えば，平成16年度の児童福祉法改正法によって定められた，「要保護児童対策協議会」は虐待や非行児童及びその家族にどのように関わるかについての会議であり，重要な事例検討と連携の場である。筆者も自治体での要支援家庭への介入の中で参加を求められるようになったが，具体的な介入だけではなく，その家族や児童の心理的な理解は極めて重要である。

トやディスカッションから学びあい，職種間の相互理解が深まり，役割分担や連携が有機的になり，それぞれの専門性も深化する，というメリットも持ち合わせている。

　このように事例検討会は，発展可能性を持った「臨床の手法」でもあり，それはトレーニングを超えている。心理療法の学派間の対話が求められ，多職種との連携や協働の必要性など複雑さと多様性を増す現在の臨床において，その価値はますます高まっていくだろう。

私たちはクライエントのことを"知らない"

　「ああ，この人のことならよく知っている。いちいち考えるまでもないや。大丈夫」
　と思って安心していると，わたしは（あるいはあなたは）手ひどい裏切りにあうことになるかもしれない。私たちがもうたっぷり知っていると思っている物事の裏には，わたしたちが知らないことが同じくらいたくさん潜んでいるのだ。
　理解というものは常に誤解の総体に過ぎない
　それが（ここだけの話だけれど）わたしのささやかな世界認識の方法である。
　　　　　　　　　　　　　　　　　　　　『スプートニクの恋人』村上春樹（1999）

　「理解というものは常に誤解の総体に過ぎない。」本章のタイトルに引用した言葉は，村上春樹の小説の上記のような文から連なっている。この言葉は私にとって心理臨床の根幹を示しているように感じられる。この言葉を出発点として事例検討会の「事例」について考えてみよう。確かに，担当するセラピストが最もよくクライエントのことを知っていることについては疑いはないだろう。しかし，ことはそう単純ではなく，セラピストがクライエントと交流し，たくさんの情報をやりとりしているからこそ，知っているつもりになり，逆にクライエントのことが見えなくなっている，ということが生じるのだ。

　そもそも，私たちの「認識」は心的な装置（感覚の尺度や認識のありよう）によって知覚され，把握されているものである。つまりすべては私たちの「心的現実」であり，「主観」であると言えよう。今回は，そこまで論を進めることはしないが，私たちが「理解している」という感覚が実際にどのような制約を受けているのかに焦点を当てて考えてみよう。

　1つ目はクライエント側の要因である。クライエントが事実をセラピストに隠していることがあるだろう。あるいは，ある部分を強調し，見せたい自分を出しているということもある。これは意識的なラポールの形成の問題から精神分析理論でいう「抵抗」や「防衛」による非意図的なものまで，クライエント自身にとって苦痛な記憶や自己部分を隠してしまうのだ。さらに，現代的には，こころの分割や解離といった不連続によって，より未分化でバラバラな感覚としてしか存在せず，クライエント自身も自らの感覚や感じていることを感知できていない，という事態が起きていることもわかってきた。

　2つ目は，セラピストの要因である。セラピストも同じ人間であり，自分の物事の感じ方，捉え方，考え方，よって立つ理論，それらを形作っている歴史に基づいた主観に基づいて事例は選択され，認識されている。これは狭義の逆転移の問題として取り扱われてきた。ここで問題となるのはセラピストが自分の感覚や考えを絶対的と感じていることであり，「自分」というフィルターの特徴を相対化していくことが重要となる。

　そして，3つ目が，セラピストとクライエントの関係性の影響である。セラピストはクライエントとの関係性の渦中にいて，それがセラピストの認識に大きな影響を与える。これは精神分析でいうところの「転移‐逆転移」関係であり，治療関係にいる2人は，濃密な間主観的な世界の住人になっている。クライエントに近づきすぎることによって「恋は盲目」ではないが「セラピーは盲目」という状態に陥っているのだ。

　3つの要因の積み重なりを考えると，事例はあくまでも「その時点でのセラピストの認識」であることがわかるだろう。実際，私たちは客観的に

は不思議なくらい事例を偏ってとらえてしまい，しかもその理解に固執してしまう。「知っている」「わかっている」ことがいかに心許ない「誤解の総体」であるか。これは，ソクラテスの「無知の知」やビオンの「欲望なく，記憶なく，理解なく」という言葉につながる真理であり，臨床においてセラピストが認識を脱中心化し続けることの重要性を示している。

事例では「ぐるぐる」が生じている?!

　事例検討会に提出する事例を選択するとき，私たちはなんらかの困難さを意識・無意識に感知している。「なぜこの事例を選んだのか？」という問いが事例検討会で聞かれるのは，セラピストが感知しているこの危機感へ焦点づけるためであり，そこには行き詰まりや膠着がある。セラピストはクライエントの関係性の中に絡め取られ，クライエントのこころの物語の登場人物の一人となって，ある種の反復，いわばクローズドサーキットを「ぐるぐる」と周回するような迷い道に陥ってしまうのだ（臨床家の誰しもが出口の見えないまま続いている事例を思い浮かべることができるだろう）。実はこの膠着こそがクライエントの繰り返されてきた中核的な問題の反映であり，セラピストはこの無意識のクライエントへの同一化と反復される物語を感知することが重要となる。この「ぐるぐる」はある程度避けられないのだが，一度はまってしまうとセラピスト1人で出ていくことは難しい。これも閉じた関係性の中に濃密にいることによって起こる困難であり，その時私たちは誰かに道を照らしてもらう必要がある。

　「理解という誤解」，そしてセラピスト‐クライエントで再演される「ぐるぐる」，この打開の道こそが「第三者性」であり，外部に開かれることなのである。その救世主としてSVや事例検討会が登場してくる。

“こころ”は複数の声で成り立っている

　こころが分割していてクライエント自身も自分をわからない，ことについて述べたが，さらにこの点に注目していこう。フロイトは精神分析の概念として，意識・前意識・無意識という局所論，あるいは超自我・自我・エスという構造論，などとこころが単一ではなく，複数の部分によって構成されている，と考えた。英国で発展した対象関係論は，こころの中のイメージである心的な「対象」と「自己」の関係のありようについて探索し，理論化された。換言すれば，こころは複数の異なった部分の相互の関係によって力動的に成り立っていて，さまざまな葛藤や対立などの結果，総体としてこころが現象化している，というモデルであると言えよう。夢を例にとれば，夢の中に登場する人物やモノは，還元すればその人のこころの要素であり，それらの相互関係によって物語を形成している。怪獣に襲われる自分も，襲ってくる怪獣も，その人自身の自己部分であり，対象なのだ。不可解で意味不明な夢も，その人のこころの何らかの力動的な物語を反映していると仮定できる。精神分析は，このこころの複数性と多元性にアプローチしていく手法といえ，対象と自己，あるいはさらに断片化したこころの部分がどのように相互作用したり，しなかったりしているのかを理解していく過程と言い換えることができる。

　近年注目されているM. M. バフチン（1895-1975）のポリフォニー（多声性）の視点は，このこころの複数性の実態を明らかにする。ポリフォニーは元々は音楽の概念であり，モノフォニーに対してたくさんの声で歌う形式のことを指す。バフチンは，ある特定の視点からの単一の言説をモノローグ的な記述と捉え，「人間の意識というのは，ただ一つの単体で存在しているのではなく，いつもさまざまな意識の間との関係性で存在し，その別の意識との間で対話を産み出そうとしている」とする。単一ではない外部性を帯びた複数のこころが絶えず対話し，相互作用する動的なこころのイメージである。たしかに，私の感覚でも，こころの部分部分が相互作

用しているのみならず，分割，併存しながら，動的に話し続けている，という方が実態に近いように思われる。

さらに，バフチンはドストエフスキーの小説の分析において，「登場人物が独立した人格のように多面性を持ち，解釈の主体として振舞い，独自の思想の主張者として振舞うことで，人物相互の間に"対話"が成立し，その対等な対話性において，現実の多次元的・多視点的な表現が可能になる」としている。究極の真実や完全な相互理解というのは原理的に存在せず，このポリフォニー的な対話こそが真実を表現し，接近していく方法である，としたのである。真実の実態は多元的・多層的であり，必然としてそのアプローチは多声的になる，ということだろう。このポリフォニー（多声性）はフィンランドの「オープンダイアローグ」臨床の基礎理論となり，それ自体が治療的な意味を持つ（斎藤，2015）ことが近年，注目されている。

精神分析の視点で言えば，平井（2020）は，ポリフォニー的対話とビオンの「K」（知ること）との関連を指摘し，「2つ以上の人格が出会うこと，それ自体に意味がある」と述べる。現象には完全な正答はなく，複数の答えと真実があり，それら複数のこころが「終わりなき対話」を続けている。それを探求し続ける対話の過程がこころのありように肉薄していく唯一の方向なのだ，と読み解くことができる。これはW. R. ビオンが提起した究極の真実としての仮想体であるOに近づく過程「→O」も彷彿させる。そして，この多声性と対話の継続性というのは事例検討会の形式と一致するところが多いことに気づくだろう。

事例検討会の多声性

事例検討会がこの多声性と対話性という特徴を持っているとすると，こころの複数性を探究していく方法として重要な手法になり得る，と考えられないだろうか？ SVはエキスパートの視点という意味で有力な第三者

性であることは言うまでもないが，多くの声とは言い難い。複数が参加し，それぞれの視点でコメントする特徴が事例検討会の独自性と言えるだろう。結論を求めず，複数のメンバーが対話を続ける過程に意味があり，例えば精神分析の視点（他の学派も同様である）やスーパーバイザーの視点であっても，それは"一つの"価値観や視点からの解釈や理解に過ぎない。どのメンバーのコメントも等しく価値があると考えることができるだろう。最も大切な点はメンバーが対等に発言し，それぞれの解釈や視点が交差し，相互作用することに置かれる。このポリフォニー的対話が機能するとき，メンバーの複数の連想が事例をさまざまな角度から照らし，セラピスト‐クライエント，そして事例の全体状況のさまざまな部分や関係性が明らかになり，事例が有機的に立体化されていくのである。そこで生じるのは絶え間ない脱中心化と視点の変化であり，セラピストが自分の心の中に対話性や多声性を身につけ，「自己意識を複雑化」（バフチン，1979）し，成長していく過程と言えるかもしれない。

　面接の膠着である「ぐるぐる」も面接がモノローグに陥っていると言い換えることができるだろう。セラピストがクライエントの固着した行き詰まりの登場人物そのものになり，セラピーがクライエントの再演（エナクトメント）の場となっているのだ。例えば，攻撃的でネガティブな情緒を向けられていると感じているが，強烈な希求が隠されている，とか，逆に内省的な順調に「よい」セッションが続いているが，背景にはクライエントの迎合が隠されている，と言ったように，セラピストはクライエントの心的世界に入り込み，内的な対象や自己に同一化し，クライエントの一部に「なって」しまう。自分が事例発表者の時には気づけない現象が，他者の発表の時には気づく，という暗転化が頻繁に生じるのは，いかにセラピストがクライエントの心的世界に巻き込まれ，モノローグの思考に陥りやすいかの現れであろう。この膠着からの脱出にダイアローグや多声性が原理的に不可欠なのである。

もの思いの場としての事例検討会

　さらに精神分析の観点から事例検討会について補足してみよう。事例検討会では個人療法における「転移」に相当するパラレルなプロセスがグループ自体で生じている，と考えられる。事例で起こっていることがグループに反映され，発表者とグループ，あるいはグループのメンバー間に反映されるのだ。それは例えば，「メンバーに伝わらない空回り感」，「攻撃的で否定的な雰囲気」，「退屈な気持ち」，「過度に賞賛的な雰囲気」などといったグループのその場の雰囲気や力動として具現化される。鍛錬が進むと，事例検討の場で生じるこれらの現象を対象化し，事例の要素として考えていくことに活用することができるようになる。先に触れた事例検討会の帰り道の傷つきは，もしかするとクライエントの感じているわかってもらえない傷つき，あるいはクライエントとの一体性から分離する痛み，を検討会で体感したのかもしれない。「こんな気持ちが湧き起こっているのはなんだろう？」とその現象自体を対象化し，見つめていくことが学びや成長の鍵となる。

　こうして俯瞰すると，事例検討会は「グループによるもの思いreverie」（Bion, 1962）に相当すると言うことができる。もの思いは，未飽和な「ベータ要素」（言葉などの象徴以前の感覚群）を感知していく過程であり，「ああでもない，こうでもない」と連想することは，事例のまだわからない「何か」を感知し，名付けていくコンテインメントの過程として見ることができるだろう。メンバーに湧いてくる感情や感覚は事例にまつわる「まだ見出されていない」要素の反映である可能性があり，事例検討会の各々のコメントは「解釈」に相当するアクションなのである。そのため，事例検討会ではどんなことでも感じたことは語られた方が良い，という原則が成り立つ。これらの観点はワークディスカッション（Rustin & Bradley, 2008）に結実しているが，複数のコメントが発表者への解釈となり，それぞれの連想が刺激され，自由連想の過程が進んでいく。発表者は，

目から鱗のような気づきを感じたり，自分の感覚と違う，と感じたり，傷つきや憤りも感じるだろう。それ自体が事例を理解するためのヒントであり，複数のこころで考える体験と，異なった照射が，新たな発見や気づきを刺激し，喚起する。

　意義のある事例検討会とは，こうした多声性と自由連想が保証され，参加者がもの思いを巡らせ，それぞれの角度から事例を照らし出す過程を保証することにある。正解を教えてもらう，対応の方法を助言してもらう，と言う受動的な姿勢では，事例検討会の独自性と可能性は減じてしまう。さまざまな声の響き合いの中から発表者が考えを進め，自分の声を見出すことが目的なのである。

　発表者がグループに抱えられ，共に考える体験は困難な臨床に立ち向かう基盤となる。加えてその過程を共有するメンバーにも資する経験となり，継続のグループでは，相互の学び合いが生じる。それがよい切磋琢磨として機能すると個々の実力が底上げされていくことが実感できるだろう。

意義ある事例検討会のために

　さて，私の経験と理論を参照しながら，意義のある事例検討会を構成する要素について考察してきた。しかしこれらの特徴や利点は弱点にもなり得る。自由さや対等さによってグループの統制が効かなくなり，非難や吊し上げの場になって過度の傷つきが生じたり，意見が拡散してまとまりがなくなる，逆に誰も発言しない沈黙のセッションとなる，などの危険がある。ビオン（1961）はグループの経験から，現実的で機能している「ワークグループ」と，無意識的で潜在的な目的や要素が渦巻く「基底想定グループ」を区別しているが，グループは容易に病理的な心性に陥ることがある。

　意義ある事例検討会にするため，主催者や司会者が陰日向で事例検討会を構造化し，マネジメントする役割が重要となる。実際，私たちの事例検

討会の経験では中村留貴子先生がその役割を果たしていることによって，自由で創造的な「ワークグループ」へと成長していったことを私は実感した。また，他職種との事例検討会の際にも，会を運営し，マネジメントする役割を心理士が積極的に担っていくことが求められる。

　それでは，事例検討会の特性を最大限に活かすためにどのような枠組みを設定し，どのような工夫やマネジメントが必要か，1. 外的な構造，2. 内的な構造，3. 司会者・主催者（世話人）の役割の順に具体的に整理してみよう。

1. 事例検討会の外的構造 —— 安全で安定した場を構成する

　安全性と創造性を保証するために，事例検討会の基本的な枠組みが，安全で保護されていることが重要である。まず，メンバーがお互いがどう言う人物であるか共有し，情報が漏れることのない安全な場所で，あらかじめ決めた時間を守り，継続する場合には一定のリズムとペースを設定する，と言った時間や空間の枠組を構成する。また，レジュメや資料を用いる場合は，その取り扱いについてルールを作り，個人情報や事例検討会の内部での発言が外部に漏れないよう集団の守秘義務が保持されるよう取り決める。そして，2に述べるようなルール（内的な枠組み）を共有する。これらの構造化によって，事例検討会の空間と時間を特別で区切られ，守られたものとして位置付けていく。これは，心理療法の構造を構成していくことと同等の場の構造化[注2]と言えよう。

2. 事例検討会の内的構造 —— ルール，態度，姿勢
● 答えを得る場ではなく，皆で考える場である

　事例検討会は，正しい答えや助言を得ることが目的なのではなく，皆で

[注2] 2020年の心理臨床学会第39回大会教育研修委員会のセミナー「事例検討会を再検討する」では山本の「参加者中心」，鹿嶋の「レジュメを用いない事例検討」，村山の「PCAGIP」など多声性，平等性，自由連想を重要視する視点が提示され，心理臨床全体として事例検討会のありようが再検討されている趨勢も参照されたい。

考えること自体が目的である事を事前に共有する。皆で考え，相互に照らしだすことによって事例に対する理解が深化され，それぞれの取り組みや方針がより明確になることを目的とする。「正しさ」や「答え」があるとなるとそれを競うような場になり，非難や無用な競い合いの場となりやすいというリスクがあり，この姿勢の共有は重要である。

● 参加メンバーの平等性と多様性が保証されること

　メンバーの職種や専門性，学派，経験などが異なること自体に意味があり，自分の立場や視点から主体的な発言することを重要視する。また，さまざまな考えがあることに開かれ，参加者それぞれの感性や感覚の独自性と差異が尊重されることが大切である。特に多職種による事例検討会の際には，それぞれの視点を積極的に話せる雰囲気を作り，意見を平等に取り上げていく。継続的なグループになると，このことによってそれぞれの主体性と独立性が育まれ，グループ全体の考える力と，個々の主体的に考える力が並行して高まっていく。

● 自由連想的であること

　メンバーは事例検討会では，自分のこころに思い浮かんだ考えや意見，情報などを自由に述べることが推奨される。グループで「もの思い」するイメージで，些細に思われたり，文脈に合っていない質問やコメントも歓迎され，「ちゃんとしたこと」ではなく，「どんなことでも」自分の感じたことや連想を言ってみるというルールをグループで共有することが大切となる。それぞれの発言に刺激され，グループの連想が有機的に連なっていく場になることを心がけていく。私は発言を躊躇う若手や初心者には，「大事なのは，他人の頭で考えられた大きなことより，自分の頭で考えた小さなことだ。」（スプートニクの恋人）という同小説の別のフレーズを送ることにしている。

3. 司会者（ファシリテーター）・主催者の役割

● 安全な場になるように参加者を守ること

　事例検討会で気をつけなければならないのは，メンバーの発言がセラピストへの批判や正当性の主張になってしまい，メンバー間で非難などの応酬が起こってしまうことである。一方的なつるし上げやダメ出しにならないよう，司会者やファシリテーターは発表者とグループのキャパシティを見極めながら，事例検討会をマネジメントする。そのために上記の内的な枠組みの共有が重要で，どのような発言も尊重され，その発言の意図を汲み，さまざまな考えが並置されるように司会者がまとめ，「答え」ではなく，「問い」を参加者それぞれが持ち帰るように配慮する。ネガティブな反応や意見も重要であるが，グループの成熟度や個々のメンバーの傷つきやすさを見極め，そのフォローに細心の注意を払う。グループが成熟していくと，メンバー間の相互のフォローが起こってくることも注目すべきである。

● グループの特徴を理解し，グループ力動に注目すること

　さまざまな事例検討会のグループがあるが，そのメンバー構成によってグループの力動も異なる。メンバーは時に仲間や同僚であり，切磋琢磨するライバルでもある。また，多職種の事例検討会の場合は，連携や役割分担の対象でもある。グループの集団力動と個々のメンバーを捉えながら，協働的な検討の場とするように細やかにマネジメントしていくことが肝要となる。何かを思っているようだが，言い出せないようなメンバーに発言を促すのも司会者の重要な役割で，潜在している大切なコメントを引き出せることが多い。場やメンバーの中に散らばって潜在している要素（コンテインド）を集める作業をイメージすると良い。グループが成熟してくると，負の要素も理解のヒントとして扱えるようになり，そこから理解を得る力が上がってくる。

　事例検討会を積み重ね，1人では体験できないさまざまな事例と視点に触れることを通して，私は実践家としての視点を鍛えられ，自分のスタイルを確立してきた。研修やトレーニングの重要な軸として，また現場における実践的な方法として，事例検討会がさらに活用され，浸透していくことを願っている。

参考文献

木村晴子（2005）箱庭療法のスーパービジョンを考える．藤原勝紀編：現代のエスプリ別冊　臨床心理スーパービジョン，121-128．至文堂．

斎藤環（2015）オープンダイアローグとは何か．医学書院，pp.28-29．

鑪幹八郎（2001）スーパービジョンの意義と課題．鑪幹八郎，滝口俊子編：スーパービジョンを考える，3-12．誠信書房．

平井正三（2020）意識性の臨床科学としての精神分析――ポスト・クライン派の視座．金剛出版．

Bion, W. R. (1961) Experience in Groups and other papers. London, Tavistock Publications.（池田数好訳：集団精神療法の基礎．岩崎学術出版社，1973．）

Bion, W. R. (1962) Learning from Experience. Heinemann, London.（精神分析の方法Ⅰ．法政大学出版局，1999．）

バフチン, M., 桑野隆訳（2013）ドストエフスキーの創作の問題．平凡社．

バフチン, M., 伊東一郎訳（1979）小説の言葉（バフチン著作集5）．新時代社．

村上春樹（1999）スプートニクの恋人．講談社．

Rustin, M. & Bradley, J. (2008) Work discussion: Leaning from reflective practice in work with children and families.（鈴木誠，鵜飼奈津子監訳：ワーク・ディスカッション――心理療法の届かぬ過酷な現場で生き残る方法とその実践．岩崎学術出版社，2015．）

山本力，嘉嶋領子，村山正治ら（2020）事例検討会を再検討する――ケースカンファレンス再考．第39回大会 教育・研修委員会企画シンポジウム．心理臨床学研究38-5，pp.437-459．

コラム　グループに関する概念の紹介

　心理臨床家に限らず，対人援助職の訓練・研鑽と技能向上には事例検討（ケース・カンファレンス）は必須のものであり，医療，教育，福祉等の各領域，さらに細分化された各学派を問わず活発に実践されている。事例検討の方法には，個人スーパーヴィジョン，学会発表や論文における検討等があるが形式としてはほぼ統一されており，本書で取り上げる集団事例検討会ほどの多彩さはない。

　下山はHawkins & Shohet（2001）や平木（2012）の分類を用いて，グループ・スーパービジョン（以下GSV）には4分類があると紹介した上で（下山，2013），「GSVの形態と特徴は，ほぼケースカンファレンスのそれに相当する」とし「適切な運営にはグループの特徴を理解した上でダイナミクスを理解し活用することがポイント」であると論じている。このように事例検討会を「グループ」として捉え集団力動の観点を重視することは，オリエンテーションを問わず論が定まった感がある。

　この集団性を積極的に活用し，事例検討会に心理療法的機能を含ませたのが英国学派の展開する「ワーク・ディスカッション」（Rustin & Bradley，2008）であろう。Bionのコンテイナー/コンテインドモデルを基盤として，詳細に報告される事例のテキスト内容そのものの検討に増して，参加者がその場にいる時に沸き起こる感情，困惑，心の乱れなどを探求していく。参加者が体験する感情を潜在的なコミュニケーションととらえ，その投影を考え"扱えるもの"にすることで，発表者や参加者の「内部の変化が本当の変容」になることを目指す（Rustin，2008）。

　また，精神医学的治療として目を見張る成果をあげているフィンランド発祥の「オープン・ダイアローグ」は医療スタッフ・福祉関係者・統合失調症患者とその家族等がグループとなり「問題が解決するまで」対話を重ねていくという他に類を見ない方法だが，治療方針もグループでの話し合いと合意によって決定していくと言う（斎藤，2015）。これも新しい形の，広い意味での事例検討会と捉えられよう。そこで起こっているであろうコミュニケーションを重視することにより，治療におけるより有益な方向性が得られるという事実は興味深い。

　妙木（2013）は事例検討会の力動的意義として，カンファレンスで起こ

る現象自体が「患者とのやりとりの一部，あるいはその延長」であるとし，Hartman（1971）のカンファレンス体験を紹介している。ここで重要なのはカンファレンスグループで起こった現象と逆転移を，彼が中立的に観察しつつ，自らの内的体験を「あれこれと内省」したという一連のプロセスであろう。正に分析的態度の維持であり，同時に教育的側面から見ても「学び」としてのカンファレンス参加が「体験」から「経験」に変化し，Benjamin（1981）が言うところの「理解」や「情報伝達」から「経験」への転化が生じ，対象（カンファレンス空間）との交流が起こったと考えられる。

　このような参加体験の「経験」への転化は，検討会参加中に対象（カンファレンス空間）と交流をもちつつ，自らの逆転移を含む内的体験との対話を続けるという分析的治療者に求められる態度と呼応する。そして事例検討会の醍醐味は，検討会終了後，内的に続く思索から何を受け取るかでもあろう。

　なお，これらの「経験」としての事例検討会の意味を考える時に，教育哲学者であるBollnow（1975）が，「経験」にはある種の受苦性が付随し主体の持続的変化をもたらすものだと指摘していることは興味深い。彼が定義する形での「経験」的事例検討会こそHartmanが報告している「経験」であろう。しかし同じく「経験」について，日本人として西洋思想と出会い格闘した森（1979）は，「同化」という概念を加えている。「同化」では体験の取捨選択があり，取り入れたものを主体に同化させるため，自己の拡張・肥大は起こるが主体の変容には至らないという。森の視点は，主体性よりも同調性を愛する日本人が西洋思想に出会った時の苦悩でもあり，未だわれわれが背負う宿痾であろう。

　分析的態度を維持しつつ，主体として事例検討会に参加しその「経験」を深めていく。Hartmanにとっても簡単であったはずはないが，われわれ日本人がこのように「経験」していくことは（日本人の権威主義も手伝って）相当に困難なのではないか。だとすれば，われわれ日本人が自らを分析的治療者として育てる時に，事例検討会へ参加する意味は考える以上に大きく，個人SVなど他の訓練にはない重要な価値を見出せるであろう。

　今般のコロナ禍においてわれわれは想像を超える危機に遭遇し，事例検討会は「対面」グループであるという自明性を失った。「オンライン」グループでの実施が各所で活発である。この事実が事例検討会という「経験」にどのような影響を与えていくのか，今後の研究が待たれよう。　　　　　　（堀江姿帆）

参考文献

吾田富士子（1998）経験の概念化：森有正とボルノーの経験概念. 北海道女子大学短期大学部研究紀要35; 235-247.

Benjamin, W.（1981）丘沢静訳：教育としての遊び. 昌文社.（Selected Writings 1; 1913-1926, Belknap Press: An Imprint of Harvard University Press, 2004.）

Bollnow, O. F.（1975）西村皓, 井上坦訳：認識の哲学. 理想社.（Philosophie der Erkenntnis. Kohlhammer, 1970.）

Hartman, J. J.（1971）The case Conference as Reflection of Unconscious Patient-Therapist Interaction. Contemporary Psychoanalysis 8; 1-17.

Hawkins, P. & Shohet, R.（2001）Supervision in the helping profession. Open University Press UK Limited.（国重浩一, バーナード紫, 奥村朱矢訳：心理援助職のためのスーパービジョン. 北大路書房, 2012.）

平木典子（2012）心理臨床スーパーヴィジョン —— 学派を超えた統合モデル. 金剛出版.

森有正（1979）経験と思想.（木下順二, 辻邦夫, 中村雄二郎編：森有正全集12. 筑摩書房.）

妙木浩之（2013）山上先生のケースカンファレンスに参加して —— 力動的立場から —— . 精神療法39(5); 709-713.

Rustin, M. & Bradley, J.（2008）Work discussion: Learning from reflective practice in work with children and families.（鈴木誠, 鵜飼奈津子監訳：ワーク・ディスカッション —— 心理療法の届かぬ過酷な現場で生き残る方法とその実践. 岩崎学術出版社, 2015.）

斎藤環（2015）オープン・ダイアローグとは何か. 医学書院.

下山晴彦（2013）ケースカンファレンスの目的と方法. 精神療法39(5); 643-648.

2 事例検討会を通しての体験
── 今ここで考え，言葉にすること

北村 麻紀子

1. 精神分析的心理療法の事例検討会に思うこと

　本稿の執筆にあたり改めて確認してみたところ，私が本事例検討会に参加するようになって10年の月日が経過していることがわかった。年間11回ほど開催しているので，すでに100回を超えた回数参加していることになる。100ケース以上は検討していることになるだろう。なかなか感慨深い数である。その中での私の経験をまとめてみたいと思う。

　当時私は，精神分析的心理療法を学ぶための研修として，いくつかのグループに参加し個人SVも受けていた。しかし，さらに自分の臨床を考え作っていくための機会を探していた。そのような時に中村留貴子先生のグループがあることを伺い，中村先生の臨床感覚に触れたいという想いから，グループに参加して一緒に勉強したいと強く思った。精神分析的心理療法の研修は，その時その時にセラピストとしての自分に必要となる何かを欲する気持ちが自分を動かしているように感じる。

　事例検討会に参加していると，先生やグループメンバーと同じ場にいながらそれぞれが想いをめぐらせることで，一人のときの自分の思考とは違うものが生じるように感じる。おそらく，それを体験するために私はグループに参加しているのだと思う。同じ部屋の中で，お互いの顔が見える机

の前に座り，発言に対して頷いたり，思わず笑ったり，首を捻ったり，自分では思っていなかった新たな視点に驚いたりしながら，ある一定の時間を過ごす。現在は新型コロナウィルス感染症対策によって机の配置は変わり，顔の半分はマスクで覆われて見えない状態だが，それでも同じ場にいることの影響力が私の思考にとって大きいことに変わりはない。心理療法においても同じ空間にいてお互いに影響を及ぼし合うことが生じるが，事例検討会の場では，セラピスト - クライアントの二者だけではなく，先生やグループメンバーを含めた複数の思考や感情が影響を及ぼし合う。それは，直接先生や他のメンバーの発言・意見を聞いたことで何かを得た，といった類いのものだけではなく，感覚的な表現をすれば，日常の自分の思考とは違うものが動き出すような何かである。より正確に言うなら，日常自分が意識せずに採りがちな考え方や捉え方のパターンを超えることであり，それは元々自分の思考の中にあったのかもしれないが意識して使うには遠いものだったのだろう。同じ場に身を置くことで，私の思考の一部は，日常的に親しんだものを超え，場に影響されたものとなり，自分のものでありながらこれまでとは異質な自分の思考となる。事例検討会では，自分はこんなふうに感じる，見える，というものが浮上してくる瞬間があり，メンバーに対して言葉にし自分の姿として表していく。そこではどのようなことが動いているのか，本稿を書き進めながら事例検討会での体験について，私の考えをまとめていきたい。

2. 参加者としての体験

はじめに，事例検討会にどのような姿勢で参加しているのか，参加者としての体験について，いくつかの視点から考えてみたい。

考えすぎない「自由連想」

精神分析的心理療法の事例検討であるから，そこでの参加者の姿勢は

当然，精神分析的心理療法をおこなっている際のセラピストと近いものになるだろう。つまり，フロイト（Freud, S.）のいう「平等に漂う注意」であり，ビオン（Bion, W.）のいう reverie である。日常感覚に近い私の言葉で表現するとしたら，考えすぎずに聞き流しながら気楽に自由連想を広げていき，自由な発想での思いつきを大切にする，と言えるかもしれない。適当，いい加減に聞こえるかもしれないが，ただのいい加減ではなく，訓練されたいい加減であり，クライアントを正しく捉えるための姿勢である。

　そのように事例の報告をなんとなく聞いていると，事例の特徴に含まれる，ある部分に驚き，痛みや悲しみ，疑問を感じ，腑に落ちない等といった自分なりの想いが動きだし，そのいくつかが頭から離れなくなる。報告を聞いていくうちにいくつかは繋がり，勝手に納得していく部分もあるが，やがて，驚き・疑問・腑に落ちないまま残るものが出てきて，それらが次第に大きくなり，結晶化していく。疑問に感じたところは率直に質問することも大切であり，参加者の質問に対する応答からさらなる連想が広がることも多いように思う。このような過程から，事例のアセスメントやどのようなことが面接過程に現れているのかを摑んでいくのではないだろうか。

他の人の考えを含んだ「自由連想」

　事例検討会の場で行っている参加者の自由連想は，一人の自由連想ではなく，他の参加メンバーの考えを含んだ自由連想である。自分が思っていることを少し違った角度から聞いたり，思いも寄らなかったような質問・解釈を聞いたり，交流しながら他の人の連想が自分の連想を広げていく。心理療法の空間でも，セラピスト-クライアントの二者がお互いに交流しながら自由連想を広げていくが，これが精神分析的な志向を持ったセラピスト集団の中で行われている。

　一方，そこでは集団の自由連想に埋没してしまい，自分の思考が働かなくなってしまう危険がある。そこに陥らないためには，そうだなと思いながらも他の人の意見を取り込みすぎないことが肝要である。事例検討会の

グループに参加して，すっきり整理された意見や優れた解釈を前にすると，目から鱗が落ち，そのままの言葉を一生懸命にメモしたり，なるほどと深く納得したりする。勉強したいと思って参加している身としては当然のことであり，自分の臨床を考える上で貴重な気づきを得られた大切な瞬間である。しかし事例検討会という臨床研修の場では，何かを教えてもらうだけではなく，連想を広げて自分なりの理解が持てるようになることが大切ではないかと考える。

　他の人の連想から自分の連想を広げつつ，他の人の連想そのものになってしまうことなく，自分自身の連想を広げる心的空間を保つこと，それは，いつもの自分を超えながらも自分らしさを保持して機能する姿なのだろう。

表現してみること

　事例検討会に参加するときの課題のひとつに，発言することの難しさがある。講義形式での受け身的な姿勢とは異なり，それぞれが自由連想しているだけではなく，それを言葉で表現しないと事例検討会は成り立たない。まずは何か表現してみることである。誰も発言しないグループは虚しい。しかし発言することは意外に難しい。恥ずかしい想いをしたくない，傷つきたくないというナルシシズムの問題もあるだろう。

　思いついたことを言葉にして伝えることは，心理療法では「解釈すること」として機能する。事例検討会で発言することは，心理療法の場で思い浮かんだことを解釈していくことの訓練になっている。

　近年私なりに事例検討会に参加するときに意識的に心がけてきたことは，なるべく他の人とは違う，独自に考えたことを言うことである。実際の発言は，それほど独自性がある思考や発言にはなっていないのかもしれない。しかし，なるべく同じことは言わずに，自分なりの考えを持ち，それを自分なりの言葉で表現することを心がけてきたつもりである。これは，セラピストとしてクライアントの話を聞きつつも，同時にセラピスト自身の連想を広げていくことと似ているように思う。自分の中に生じる連想・空想

を自分の無意識に閉じ込めずにクライアントとの間で生き延びさせ，交流を生むことに繋がるのではないかと考える。それは，事例検討会の流れから逸れることがあるかもしれないし，的外れなこともあるかもしれない。しかし，事例検討や心理療法の場で生じる自身の自由連想は，それほど的外れなものではないのかもしれない，とも思う。

3. 事例提示の体験

　事例検討会での発表担当者となると参加者とは違い，気楽な気分ではいられなくなる。事前に事例の選択や資料の作成準備があり，どの事例を提示するかについて思い悩む。難しい局面にあり困っている事例，行き詰まっている事例，よくわからなくて関わりに難しさを感じている事例，検討したことがなくまとめてみたいと思っている事例などが選ばれるように思う。一度検討した事例を再度提示して再検討することも多い。そして当日事例検討会の場に立つと，いろいろな人からいろいろなことを言われ，質問され，それにあたふた応える。そこでは，その時までは自分では明確に考えていなかったことをその場で考えるように提示されることになる。その結果，いままで見えなかった視点が得られ，事例が新鮮に見えてくることがある。このように，困っている，行き詰まっている，よくわからない事例を検討の場に提示することで，これまでと違う視点を得られ，新たな展開のきっかけとなったり，直接的にクライアントの理解・解釈に繋がったりする。

　自分が直接心理療法をしていない第三者の視点からだと，何が起きているかがよく見えるものであり，仕方のないことだとも思うが，内的な体験としては，自分一人で行っている心理療法の視野の狭さ・未熟さを明確に感じる瞬間であり，自分自身が脅かされるようなものでもある。出来ていない自分，わかっていなかった自分を感じ，批判されているように感じたり，体験の仕方によっては迫害的になったり傷ついたりする可能性がある。

グループメンバーや提示する事例によっても異なるし，事例提示経験の多
寡によっても違うかもしれない。しかし，こういった苦い体験は，心理臨
床家である個人にとっての大切な学びと成長の貴重な機会となる。

　一方で，事例検討会でのさまざまな発言に直接的に影響されてしまうこ
とには注意が必要である。事例検討会という第三者性，心理療法の外側に
いる他者がセラピスト - クライアントの二者関係に侵入することになり，
クライアントからすれば，それまでとは異なるセラピストの姿が突如とし
て現れることになる。ブリトン（Britton, R.）は『主観性，客観性，およ
び三角空間』（1998）で，「患者の主観的な（話し手の）経験が晒されてい
る場所に客観的な（第三者の）見解を導入しようとする分析家のあらゆる
試みが破局的なものと感じられる。分析家が患者と分析家の間主観的関係
とは別個に自分のこころを働かせる限り，あらゆる分析において基本的エ
ディプス状況が存在する。」と述べている。セラピストの主観的な連想を
超えて，事例検討会という外側の誰かや誰かの考えと繋がっているセラピ
ストは，クライアントにとって他者性を感じる危険を生じる。

　そういった視点から考えると，事例検討会の場で話題になったことをセ
ラピストが早急に取り入れすぎないことも大切であろう。セラピストの考
えではないもの，私ではないもの not-me（Winnicott, D. W.）を早急に持ち
込もうとすることは，クライアントにとってもセラピストにとっても自分
ではない他者性を持ち込むことになる。極端に言えば，事例検討会で言わ
れたことを忘れ，遠ざけ，一旦眠らせることでそのまま取り入れないよう
にすることもできるし，無視することも可能である。そうしているうちに，
自分の考えなのか誰かから言われたことなのかがわからないようなものと
なり，自分の考えのようにして使えるようになることがある。これまでの
自分とは全然異なるような強さをもった解釈に対しては，休眠期間や咀嚼
が必要ではないかと考える。

4. 事例検討会の記録を読み返して

　今回私たちは執筆に向けて，自分が提示した事例検討会のディスカッションの記録をメンバーに作成してもらい，それを読み返してみるという機会を得た。逐語に近いそれらの記録には臨場感が溢れており，目を通しながら緊張が蘇り，その場にいた時の感覚をも呼び起こされるものだった。事例提示をしている瞬間は余裕がなく，何を言われているのか十分に理解していないところもあったが，改めてどんなやりとりがあったかを見ると理解が深まるように思った。ここでは，事例検討会で事例を出すことによって得るものについて，記録を読み返しながら考えてみたい。

　やはり私は，討論の先生の発言に注意して耳を傾けている。それは，事例の全体像を捉え，私の心理療法に向かう姿勢に対しても遠慮なく適切なご助言をいただけるからだと思う。初めは自分でも事例の全体像が漠としていてよくわからないまま話しているが，先生やメンバーからの質問や意見について考え，応答しながら，事例についてより深く言葉にできるようになり，次第に先生やメンバーと共有されていく過程がそこにはあった。そうしていくことを繰り返しながら，事例の見方がまとまっていく。どういったことを考える端緒にして理解が繋がるのか，などの考える道筋をその場で共にすることができることも大切に思う。

　なんとなく気づいていると思っていたことでも，音を持った言葉で表そうとすると，思ったように表現しきれなかったり，実は深く考えられていなかったりすることに気づくものである。深く考えられていなかったことが考えられるようになる，知っていると思っていたことに改めて気づくという体験が生じる。これは，言語的な心理療法過程の一側面とも似ている。

　また記録を読み返して，自分の現状を知るという面も大きいように思った。心理療法過程の中には，いつも同じようなセラピストとしての自分がいて，自分の癖とも言えるものが繰り返し見えてくる。それでも大体いつも同じようにそうなってしまっていることは，何とも苦しいものである。

長い目でみると少しは臨床家として成長できているのだろうか。そうありたいと切に願う。セラピスト自身のワークスルー過程なのだろう。

5. 事例検討会と心理臨床家としての成長

　最後に，事例検討会での体験が，心理臨床家としての成長にどのように寄与しているかについて考えたい。事例検討会での体験は，セラピストとしてクライアントと共にいる体験と似ている部分がある。

　事例検討会では，メンバーの一人として自由に連想を広げる場が与えられている。事例提示者にとっても参加者にとっても，安全に思うままに連想を広げて表現できる場であることは重要である。このような事例検討会の「場」が，事例検討会の特徴なのだろう。場を作っているものについて思いつくままに挙げてみると，空間としての場所，先生（討論者），発表者，司会者，参加メンバー，発表順などのマネジメント，話しながら帰宅すること，グループのこれまでの歴史などさまざまな要素がある。その場にいるセラピストたちの存在に影響されて私の思考の水準は変わり，先生やメンバーの思考過程が部分的に取り込まれていくように思う。

　インターネットを介しての事例検討会の環境においては，同じ空間にいて直接相手の顔が見えることはなく，パソコンの画面上には平面的に顔だけが並び，笑い声やつぶやきはミュートで消され，事例提示のときには静かに一人で原稿を読み上げるという孤独な作業となり，メンバーと話しながら帰途につく要素は完全に失われてしまった。事例検討会での人との繋がり方が変わってしまったように感じる。再び会場での事例検討会が行われるようになり，開始の前後に雑談し，リアルな人間と一緒の空間にいることを感じ取るほうが自然に感じるのは私だけではないだろう。場を作り，それが醸成していくことによって，事例検討会は豊かな実りをもたらすものとなる。

　また事例検討会では，今ここで応答できること，自分なりの言葉を用い

て反応できること，つまり妄想‐分裂ポジションの硬直化した思考にならずにその場で自分らしく機能し続ける姿勢の保持が大切である。想定外のことを言われたときにも頭を働かせていられることは，心理臨床家としても大切な資質となるだろう。心理療法の中でセラピストとしてクライアントに解釈ができるようになるためには，その場でその時に考え言葉にすることが必要であり，事例検討会で発言することが心理療法で解釈を伝えることの訓練になっているように思う。連想は個人的な空想を楽しむためのものではなく，相手との交流に使っていくためのものである。自由に頭に思い浮かべたことを相手に伝えて交流するためには，どんな言葉で表現するのか，言葉にしながらその場で微調整しているのではないだろうか。

　こうして考えてみると事例検討会は，安心して心理療法を行うための治療構造を作ること，クライアントの自由連想とセラピストのreverie，セラピストとして考える機能を保持し，その場で考えて解釈することなど，心理療法で必要な要素と重なるところが多い。事例検討会は，単に事例を検討して勉強するものではなく，かなり直接的なセラピストとしての思考や表現の訓練なのだと思う。そして，先生やメンバーという心理臨床家として信頼できる先輩や仲間を持ち，その中でセラピストとして成長する機会を得ることは，心理療法家のアイデンティティを作る上でも貴重な体験である。

文　献

Britton, R.（1998）Subjectivity, Objectivity, and Triangular Space. In Belief and Imagination: Explorations in Psychoanalysis. Routledge, London.（松木邦裕監訳：主観性，客観性および三角空間．新装版 信念と想像：精神分析のこころの探求．金剛出版，2002.）

Winnicott, D. W.（1953）Transitional objects and transitional phenomena. International Journal of Psychoanalysis, 34（1953）.（北山修監訳：移行対象と移行現象　小児医学から精神分析へ．岩崎学術出版社，2005.）

> ## コラム　精神分析的心理療法セミナーの成り立ち
>
> 　現在13名のメンバーで構成されている精神分析的心理療法セミナーは，2009年に西新宿臨床心理オフィスの一室で，中村留貴子先生とメンバー4名という小さな会としてスタートしました。当時私たちは，多くの心理士が働く多様でリアルな現場での臨床に，自分たちが学んでいる精神分析的な視点や知識がどう生かされうるかといった事に関心がありました。若手の心理士向けのグループを作り，ディスカッションを重ねていく日々の中で，精神分析的なものにしっかりと基づく，精神分析学会の認定グループとなるような，そして同時に，私たちの日々の臨床についてリアルな感覚で精神分析的な議論ができるような学びの場が欲しい，という思いが強くなり，中村先生にお願いしてこの会を立ち上げていただきました。
>
> 　中村先生は，あくまでも自分は指導者という立場ではなく，まとめ役である，というスタンスで，メンバーそれぞれが考えを持ち自立していることを重視されました。そういった先生の姿勢と，そして集団のコンパクトさ，お互いをよく知っているメンバーといった特徴からか，自分のケースを聞いてもらうことにも，他の人のケースを聞くことにも，考えることにも，発言をすることにも「自由さ」と安心感があり，今まで参加したどのグループとも少し違う「場」ができたと感じました。
>
> 　中村先生のマネジメントのもと，2010年には小寺記念精神分析研究財団の会議室に場を移し，小寺主催のセミナーとなりました。メンバーも一人，また一人と加わりながら，会は徐々に大きくなりました。顔は見知っていても臨床を一緒に語るのは初めてのメンバーとの出会いに緊張感はありましたが，ケースに対する異なる視点や新鮮な臨床観を得ることで会は多様性を増し，議論はより豊かになりました。中村先生の発案で，2011年からは年に数回，助言者として外部の先生を迎える形式をとり始めました。これは会に適度な緊張感と貴重な学びの機会をもたらすこととなりました。そして，2018年に最新のメンバーが加わり，13名のメンバーで構成される現在の形となりました。
>
> 　この会も発足して10年以上が経ち，会に期待することもメンバーそれぞれに少しずつ違ってきているようです。集団が良い形のまま長い間存続するというのはとても難しいことです。この会も人数も増え，開催場所も大きくなり，精神分析の第一線で活躍されている外部講師の先生が指導者としていらっしゃ

る会となり，当初の会の形や雰囲気とはずいぶん変化しています。それでも不思議なことですが，当初の自由に考えて発言できる雰囲気は変わらず保持されています。今回この事例検討会について考える過程で，そうした自由で居心地がよくありつつも，なれ合いにならならない緊張感のある雰囲気を，中村先生が「変化」の一さじを加えながら絶妙に作り上げてくださっていた事を改めて認識しました。この会が現在の良い形のまま長く存続していくためには，変わるべきところと保持するべきところを見極めながらバランスを取り成熟していくことが必要なのだと実感しています。　　　　　　　　　　　（小尻与志乃）

コラム　**個人スーパービジョン体験との比較検討**

　自身が心理療法を担当している事例について，あるいは自身の臨床実践のあり方について，検討したり整理したり何らかの方向性を見出したいと思う時，私たちは個人スーパービジョンやグループスーパービジョンを受けることや，事例検討会に参加することを考えるだろう。それぞれを通じて得られる体験には，共通するものもあるが，違いも大きいだろう。

　個人スーパービジョンは，基本的に週に1回，少なくとも月に1回の頻度で実施され，1～数セッションの記録についてスーパーバイザーとともに検討していく。したがって，1つ1つのセッションを細やかに検討できるし，セッションとスーパービジョンとの時間的隔たりも小さく，より新鮮な素材 —— 逆転移も含めて —— を検討でき，もしも治療者が患者の転移に巻き込まれ逆転移に気づかぬまま混沌とした関係に陥りそうな時，その影響が甚大にならないうちに軌道修正をすることが可能だろう。このような個人スーパービジョンでのバイザー・バイジー関係は，どこか親子関係にも似ていて，抱えられているという感覚は強く（もちろん「親子関係」の質にもよるが），経験・知識・技量の豊かなバイザーのコメントは，バイジーにとって"より深い理解・洞察"であり"正しい指針（超自我にも似たもの）"となり，ある種の安心感と依存心を引き起こす。しかしながら，バイザーの"深い洞察"や"正しい指針"を心に抱いてその後のセッションに臨んでも，セッションは生ものであり，治療者（バイジー）は，患者とのまた新たな展開に自分一人で取り組まねばならない。特に，バイザーによる患者理解の受け売りで行った治療者（バイジー）の介入は，すでに"there and then"のものになっており，ちぐはぐなものにもなりやすい。加えて，その介入に対する患者の反応を，治療者（バイジー）がその場で真に理解し抱え対応することができない，ということもよくあることである。

　一方，事例検討会で自身の担当する事例を提示する場合，それはかなり長期にわたるプロセスの報告を検討してもらうことになる。ある意味で，一定期間における自身の臨床実践の成果が検討される場にもなり，抱えられるという体験は，個人スーパービジョンに比べると小さいかもしれない。患者についての，自分のこれまでの理解や方向性が覆され，頭を抱えてしまうこともあるだろう。一方，事例検討会では，ベテランの助言者だけではなく，他のメンバーからのさまざまな意見を聞くこともでき，何か特定の理解や方向性に限定されること

なく，より主体的に自身の患者理解について考えをめぐらす作業が促進される。その際，どの意見を取り入れ，あるいは却下するかには，事例提示者の逆転移が影響を及ぼす可能性もあるかもしれない（自分にとって都合のいい意見を取り入れ，都合の悪い意見は脇へ置くかもしれない）。個人スーパービジョンでは，バイジーの苦手とする対象とのかかわりや葛藤について，より細かく深く検討していく余地があるが，事例検討会では，そのような治療者（事例提示者）自身の臨床上の課題について深く検討することは難しいし，場合によっては侵襲的体験になってしまうかもしれない。

　もしも，ある1つの事例について，個人スーパービジョンを受けながら，事例検討会でも提示する場合，それはまた興味深い体験となる。それぞれの場における，患者についての見立てや方針，介入の方向性などが一致しない場合もあり，それは治療者側には混乱も引き起こすが，より多角的に患者を理解しようとする姿勢を促されるだろう。そもそも，個人SVで検討しているのに，事例検討会にも出す，ということ自体が，治療者の何らかの葛藤の行動化かもしれず，そのことについて自分自身で吟味することも大切となる。

　また，事例検討会が個人スーパービジョンと大きく異なる点は，自分自身もまた，他のメンバーの事例について聞き，コメントをする立場になる，ということである。人の事例を聞くことは，「自分ならこの人をどう理解するだろう，どのように介入するだろう」という疑似体験の機会を提供してくれる。また，自分と経験や技量がそれほど大きくは違わない他のメンバーの事例を聞くことで，自身の現在の臨床力がどの程度のものなのか，自己評価することができる。あるいは，他のメンバーもまた，難しい患者を前にして悪戦苦闘している姿に，自身が励まされる思いがするかもしれない。そして，個人スーパービジョンでは，いわば「子ども」でいられるが，事例検討会では，「親」とは言わないまでも，「大人」としての主体性が求められる。自身の見解を述べることは，摩擦や衝突を生むかもしれず，傷つけ，傷つけられる体験になるかもしれない。ベテランの助言者とその他のメンバーというグループに生じている力動に，自身がどうかかわっていくのか，そういった課題に取り組む機会をも提供してくれるだろう。

（小野田直子）

第 2 章
事例検討会の実際

1 仕事の場面での対人緊張を主訴に来談した
ケース ── 同一化による膠着からの解放

小尻 与志乃

1. はじめに

　セラピーの過程で治療者がクライアントに同一化することによって，クライアントのある側面が見えにくくなることがある。それは得てしてクライアント自身が直視したくない，見られたくない側面であることが多く，その側面がセラピーで扱われることなく放置され，治療者とクライアントがある種の共謀関係に陥り，結果として治療が膠着するといったことが起こる。治療過程を治療関係の外，第三の視点から検討することを可能にする，個人スーパーヴィジョン，グループスーパーヴィジョン，事例検討会はいずれも，そうした膠着状態から抜け出す機会を与えてくれるものである。特に，複数の参加者がフラットな立場で事例を検討するタイプの事例検討会では，提示された事例の問題と呼応するように，メンバー間で意見の相違やすれ違いなどが活発に起こり，また，発表者の側でも安心感や違和感，傷つきなどのさまざまな情緒が多層的に体験される。それらをつぶさに検討することで，より立体的にクライアントの精神力動，また，治療者患者間の転移逆転移状況を理解し，無意識的同一化による膠着から抜け出すことが可能となる。

　本論では，事例検討会という形式が，どのように治療者とクライアント

を同一化による膠着から解放するかを，筆者の体験した事例検討会の様子を用いて提示したい。また，治療の進展に貢献することのできる事例検討会はどのような特徴があるのかについても検討する。

2. 事　例

＊事例の内容はプライバシーを考慮して大幅に変更してある。

1）事例概要

　申し込みの電話での暗くてどんよりとした声の印象とは異なり，彼女はいかにも仕事をしているきちんとした女性といった身なりで私の前に現れた。支配的な上司の下を離れ別の環境で仕事をすることに決めて転職活動をしていたが，採用面接で極度に緊張して震えてしまい困る，というのが彼女のその時の主訴の具体的内容だった。対人緊張はずいぶん以前からで，特に権威的な人物に対して強い不安を感じるとのことだった。彼女の話からは，この症状がなくならないと転職活動が難しいのだろうと推測されたが，どこか本人からは切迫感が伝わってこなかった。

　セラピーが始まると，現在の姿からはうかがい知れない，生まれた土地や地域のしがらみや，暗く貧しい，心が重苦しくなるような生育歴が語られた。ある事柄について両親と同じ価値観を共有することを強いられており，彼女は納得のいかないまま表面的にはそれを受け入れていた。実家の商売は重労働で危険をともない，彼女にとっては常に心にある重しのように感じられていた。彼女は結婚によって陰鬱で忌まわしい両親の世界から遠くのがれていた。彼女は実家という世界から離れようと必死でいると同時に，離れていることに強い罪悪感を持ち，両親の考えや価値観に依然として縛られ，人生上の選択や決断の際にも左右されていた。罪悪感から幸せになり楽しむこともどこかであきらめ自分に禁止しているようだった。本当に何から何まで彼女の自己犠牲の上に成り立っている，夫との結婚も，彼女を幸せにしているものとは到底思えなかった。

　セッションを重ねていくと，転職面接での極度の緊張と震えという彼女の抱える症状の背後には，元上司から離れ，新しい環境を得て自由に主体的になることに対する罪悪感があることがわかってきた。彼女は強権的で気まぐれでヒステリックな元上司を嫌悪すると同時に，尊敬の気持ちや思慕の念や愛着があり複雑な感情を抱いていた。セラピーでそうしたアンビバレントな感情を抱く苦しさや，それが両親，主に母親に対する思いと重なることに気づいていくにつれ，転職面接の場面での緊張や，それに伴う震えの症状は徐々に消退した。やがて彼女は新しい仕事を得ることとなり，人間関係の幅も広がっていった。私たちは，彼女が新しく得た仕事で達成をし，人との関りで楽しさを感じられていることを喜んだ。

　しかし，そうした報告と同時並行的に，人との集まりで自由に楽しんだ後に必ず，不適切な行動がなかったか自分の行動を振り返り一人反省会をするという報告が増えていった。そして「緊張して震える」という症状が，今度は「町でカップルを見た時」に限定的に起こるようになってきた。この不思議な症状は私と彼女の間では，10年以上前の失恋のトラウマに起源があるものと理解されていた。彼女はその時以来，人を愛することや愛情を表現する事に抵抗があったのだった。

　そうした理解を話し合いながらも「震え」の症状は一向に軽快しなかった。彼女は，ある時唐突に，子どもが欲しいので早く薬の服用をやめたい，だがこの症状があるからやめられないといった。彼女には珍しく焦燥感を伴った訴えだった。彼女は「無条件の愛情を体験してみたい」と子どもを持ちたい理由を語った。夫との間に子どもを持つということは考えていないと言っていた彼女がそう言い出したことを，私は進展ととらえるよりも心配に感じた。彼女にとって夫は，とても一緒に子どもを育てるパートナーとして認められるものではなかったはずである。夫との不毛な結婚については，それまでのセラピーの中では問題としても，不満としても語り，取り上げられることはなかった。何かのきっかけで私が取り上げようとしても，彼女は，ある意味今の状態でバランスが取れており，現状を変

えるのはとても面倒なことだと言って話を早々と切り上げるのが常で，私も徐々にその話題にはあまり触れなくなっていた。子どもが欲しいという話は，持ち出された次の回に早々に取り下げられたが，この回から徐々に夫との結婚生活の問題が話題に上がるようになり，セラピーの主題となってきた。改めて聞く，夫との結婚生活は，維持している理由がますますわからなくなるようなものだった。彼女は初めて友人にも夫との不毛な結婚について打ち明け，彼女がいかに自己犠牲的になりすぎているか思い知らされた。彼女は徐々に離婚をすることを考え始めた。

　セラピーで離婚の可能性について語られるようになってから，実際夫に離婚を切り出すまでは本当にあっという間だった。それとほぼ同時に，彼女は男性と付き合いを始めた。彼女は離婚の話が出ている時に，こうしてカウンセリングという場があってよかったと私に感謝した。彼女は，自分と離婚したら夫が生活していけるのかと心配し，そして彼を捨てることに強い罪悪感を持っていた。実際に離婚に向けての動きをしているある時，彼女が「今日出てくるとき，夫が，離婚はセラピストのせいだねといったんです」と言った。私は「私たちがここでやっている作業と無関係であるわけはないですね」と伝えながらなぜか強く動揺し，夫がこのセラピーの場に乗り込んでくるような空想を持ったり，実際は行いもしない，夫を交えた3人でのセッションの必要性を頭の中でシミュレーションしたりしていた。

　いざ離婚するとなると，両親に伝えることを彼女はずいぶん躊躇したが，実際話してみると両親はあっさりと受け入れた。両親に離婚届の証人のサインをしてもらいたくないと言う彼女に，私はなぜか自分が証人のサインをすることを想像していた。彼女は，この離婚と同時に両親との関係も見直したい，両親の大切にする価値観にもうすでに沿うことができていないことを告白したいと思いながら，それを告白することは両親のすべてを否定することになってしまうと言って葛藤した。私は，今まで直視してこなかった両親との問題が俎上にあがってきたのを認識していた。しかし同時

に，それまで全くなかったキャンセルが2回続き，私は彼女が治療から遠のこうとしているとも感じた。

2）事例検討会において

　セラピー開始から10カ月ほど経った，そのような状況で，私は事例検討会にこのケースを提出した。私は，彼女の根本的問題は，両親と実家を捨て別の世界に逃げたという罪悪感にあり，本来の自分，リビドーや攻撃性をかなり抑圧している状態であったと考えていた。セラピーで罪悪感について検討し，認識が深まったことでそれが減弱して来談時の主訴が解消し，背後にあった不毛な結婚も解消した段階で，本来の問題である両親との対決が正面に据えられ，罪悪感の再燃に直面することを避けたいという思いが彼女をセラピーからから遠ざけつつあるのだろうと理解していた。セラピーが進展しているという実感と共に，ぽつぽつと現れたキャンセルに「なにかがまずい」という感覚もありつつ検討会に臨んだ。

　検討会において前半のケース提示が終わると，すぐに，助言者，参加者からは，彼女のバラバラなイメージや実体のなさについて多くのコメントが述べられた。それは「何がしたいのかわからない」とか「根無し草のようである」，「自己像がぶれている」といった表現で語られた。「実体がない」というのは参加メンバーが彼女に対し共通して抱いた印象のようで，それは私の感覚とも共通していた。ただ，その実体のなさがどれほど深刻なのかという考えはそれぞれに違っているようであった。「生家での自分をかくそうとしているため，本来のリビディナルなものもアグレッションも封印してしまっているのだろう」，「家から出ると両親の世界を捨てて出ていくことになる。それがすごくいけないことだと感じるし，心理的な意味で親を殺せないでいるが同時に自分を作りたいとも思っている」，「神経症的なモデルである程度説明できる。基本的にはスーパーエゴの病理。罪悪感をマゾヒズムで帳消しにしようとしている。カップルを見て震えるという話はエロス的な欲動を徹底的に抑制しなくてはいけない病理があるか

らだろう」「生まれた家の文化から離れたいという気持ちがあるが，そんな風に家族のことを思うのは許されないという思いもあって，それが罪悪感として体験されているのかもしれない。そのあたりのことが棚上げにされてきたのだろうが，治療者と出会ってそういうことを葛藤として感じられるようになっている」，「今まで棚上げにしてきたもの気づいて来ていて進展している」といったコメントは，私の見立てと，今までのセラピーの経過をサポートし，また，彼女に関するより立体的な理解を与えてくれるものだった。

　一方で，彼女の実体のなさが「自分の無さ，空虚さ」に由来する，より深刻なものではないかというコメントもあった。「彼女の在り方はアズイフ的であり，目の前の対象に表面的に同一化して一見きちんとやっているように見えるが，真の自分は不確かでセルフは相当バラバラか，空虚なのではないか」，「この人の葛藤が見えてこない，中身のない人のように思える」，「重みがなくてふわふわしている印象。行動も一貫していない」，「治療者に嫌われないようにと行動している」というコメントには，私には見えていない彼女の重大な問題を指摘されたようで面食らうと同時に，患者を頭ごなしに否定されているように感じ，「そこまで何もない空虚な人だろうか」，「今までのセラピーは意味がないということだろうか」と思い，患者と自分をかばいたくなるような気持になった。

　検討会では，そういったレベルの違う見立てがさまざまな表現でバラバラと投げかけられ，私は混乱し，この人をどう見立てたらよいかとわからなくなる感覚に戸惑っていた。

　ケースの提示が進むと，参加者から語られた多くの連想の中に，「離婚は治療者に同一化した結果，ある意味迎合しての選択だった可能性があるのではないか」，「離婚で一人になってしまった患者の不安と，選択へ導いた治療者への怒りがあるようだ」，「選択された代わりの対象（恋人）は信用できるのか非常に怪しい」といった，離婚という選択の負の側面への言及が混じっていた。私は，それらがにわかにはピンと来ず，違和感を持っ

たり，防衛的な気持ちになっていることに気づいたりした。彼女を不幸に
する不毛な結婚を解消したことは，セラピーにおける私と彼女の達成とい
う思いが強かったからであり，メンバーの中からも「ここで離婚し，たと
え一人で孤独になったとしても今よりはるかにそのほうがいいと思える
ように彼女がなればいい」という離婚という顛末をサポーティブに解釈す
るコメントもあった。ただ，思えば彼女の離婚へ至る決断と行動の速さは，
拙速ともいえるようで私もどこかで違和感を持っており，メンバーによる
離婚という選択の負の側面への言及によって，自分でも心当たりのある部
分を触られているような嫌な感覚が検討会の間続いていた。

　また，「彼女は相当にセラピストに同一化しており，離婚もセラピスト
を喜ばせるためのものであったのではないか」，「セラピストに感謝もし
ているが，一人にされたことに対して怒りも持っているのではないか」と
いったコメントがあった。「同一化」という言葉から私は，学生の頃彼女
が次々と取り入れていた意外な趣味や，彼女の「働く女性」の典型のよう
な服装や，交際相手や結婚相手により居住地が変わる過去を連想していた。
そして，人にくっつくようにして今いる環境を脱してきた生育歴に「同一
化」という言葉が結び付き，腑に落ちる感覚，納得感があった。しかし，
「私」と同一化しているという指摘は，その時までほとんど実感できてい
ないアイデアであった。さらに，「カップルを見ると震えるという症状は
転移の文脈で起きていることであり，セラピストへリビディナルなものが
向けられているということなのではないか」，「先生が大好きだしとても
気にしていて喜ばせようとしている」というコメントがあったが，これら
は検討会の時までは考えてもみたことのない視点だった。もちろん頭では
私に向けられている転移空想をあれこれと想定して彼女と会ってはいたが，
目の前の彼女のあっさりした印象や，「ここはお金を払って聞いてもらっ
ている場だから」という，個人的な感情の否定から，私の実感として彼女
から向けられる思いを感じることはなかったのである。

　検討会が終了し，司会者に感想を聞かれた私は「これから心配だなと思

いました」と答えている。なんとも間抜けなコメントであるが，その時の
率直な思いだった。ここ数回のキャンセルについて感じていた，彼女が離
れていく感覚や，大切なことが触れられていない「まずい」という感覚が，
この検討会で私に投げ込まれたさまざまなアイデアによって刺激されたが，
それはその時点でもしっかりと考えられるものにならず，「心配」という
漠然とした言葉にしかならなかったのだと思う。

3．事例検討会を終えて，理解できたこと

　事例検討中は，多くのコメントの中で思考が漂い，理解が進むような感
覚とともに自分がある程度作り上げたストーリーが崩壊するような不快感
をも持った。自分一人では到達できなかった理解に開かれ心躍るような気
持と同時に，腑に落ちないことが引っ掛かったままの少しもやもやとした
ような感覚で帰路についたのを覚えている。

　検討会では，見立てに関し，基本的に超自我の問題であり抑圧と罪悪感
を主体とする神経症的メカニズムで説明ができるとするものと，アズイフ
的で空虚さを本態とする，より重い病態を想定するものに別れていた。主
に前者の見立てをしていた私にとって，より重篤な見立てはどこか否定し
たいものであり，「見立てとしてどちらが正しいのであろう」と戸惑った。
しかし，検討会が進み，私の中にも彼女のありように対する違和感があっ
たことに気づき始め，自分が立てていた見立てがゆすぶられる感覚を持ち
ながらも，徐々に，異なる見立てのその両面とも彼女の病理であるのだと
考えるに至った。

　また，私と彼女の間に進行している転移状況について多くの気づきを得
ることができた。検討会の時点では，彼女から私にポジティブな情緒が向
けられていることも，離婚へと誘導され一人にされたことに対する怒りが
私に向けられていることも，私の実感としてはキャッチできていなかった。
行動や症状に漏れ出ていたそれらの転移をメンバーが感じ取って指摘して

くれて初めてその存在を実感したのであるが，彼女の「カップルを見て震える」というなかなか消退しない症状については，私と彼女の間に起きていることとして考えて取り扱う必要があったのだと気付かされた。

　この検討会で一番私が思い知らされたのは，私と彼女の間の強い同一化に私自身が気づいていないということだった。見立てに盲点ができていたのも，私に対して向けられている情緒に気づかずにいたのも同一化によって第3の視点を私が失っていたことによるものと思われる。検討会の後，思い返してみれば，私は彼女の離婚の際，離婚届けの証人に私がなることを空想したり，夫が面接の場に乗り込んでくることを恐れたりしていた。私はそれほど彼女と強烈に一体化していたといえる。強い同一化のため，彼女の行いに疑問をむける私の機能はマヒしていた。私自身彼女の選択や行動の拙速さにどこかでは疑問を持ちながら，直面することを避けていたのである。多くのメンバーが指摘していたように彼女には，私が想定していたより深刻な空虚さがあり，アズイフ的に自分を持たずにとりあえず目の前の誰かに同一化していた。学生時代，友人に同一化して急に素行が悪くなったり，結婚して夫にくっついて遠方に転居したり，人の勧めでカウンセリングに訪れたりといった行動に現れていたように，目の前の誰かに同一化して葛藤的な居場所から逃避するという行動を重ねていたのだと，後日振り返り考えるたびに実感したのであった。人にくっついて葛藤の場所から遠くに運ばれるように生きてきた彼女の生き方に対する違和感は，私の中に存在していても考えられるものにはなっていなかった。そして，離婚は私と彼女にとってある種の達成であるという思いがあったため，私と彼女が目を背けている離婚の負の側面への指摘はある意味，違和や不快を感じるものであった。

　そして彼女は私にも同じように同一化して，夫との間の葛藤から逃避した。私との同一化は彼女にとっては一時的な安定をもたらしたかもしれないが，やがて両親との問題に直面化させ，分離を迫る治療者は彼女にとってみると，徐々に自分の価値観を押し付ける母親や元上司のような超自我

対象になっていったと思われる。検討会でメンバーから投げかけられた，見えていない何かに直面させられるコメントに私がもやもやとした思いを持ち，防衛的になってしまったのと同じように，彼女にとって私という存在が新たな葛藤をもたらす，超自我的で離れたくなる対象となりつつあったのではないかと思われる。そして彼女は次の同一化対象としての新しい彼へと逃げる動きを見せたのであろう。検討会の直前にキャンセルが見られるようになり，「彼女が遠ざかっていく」ように私が感じたのはそのためだったと思われる。

　事例検討会で得たそうした気づきが考えられる何かになり，そしてさらにセラピーで私と彼女の間によいなにかをもたらすまでになるには検討会終了後さらに時間がかかった。ただ，彼女と私の間に起きていることに目を向け，考えることができるようになったのはこの事例検討会で得た大きな変化であると言える。

4. 事例検討会について

　今回の検討会で私は，大きく分けて，①クライアントの病理の多層的理解と②二者関係に閉ざされることによって，盲点となりやすい転移逆転移・関係性の理解を得ることができた。検討会とその後，検討会で寄せられたコメントを理解する過程の中で，私はクライアントと強く同一化していることに気づき，治療の膠着状態を抜ける糸口を得たと思われる。

　このような理解に至ることが可能となったのは，本事例検討会の性質に負うところが大きいものと思われる。本事例検討会は，助言者はいるものの，概ねすべてのメンバーがフラットな立場・役割で参加している。スーパーヴァイザーから発せられる正しい見立てや意見を聞き，指導してもらうというグループではなく，各々が感じたことや考えたこと，疑問に思ったことを自由に発言するという検討会である。本事例の検討会の際も，事例の経過をプレゼンすると，最初こそ助言者が口火を切るが，その後は内

容に触発されて皆がまるで自由連想をするように発言をしていった。その自由さゆえに，発言内容もバラバラで一見脈絡がないこともあり，一つの結論に収束するということがなく，事例提供者として混乱をすることも多々あるが，この自由さこそがクライアントの病理の多層的理解と治療者患者関係の関係性の理解を可能にしていたと考えられる。発言者それぞれが，クライアントの情報やケースの展開から別個の水準でキャッチした感覚情報を，それぞれの別々の思考水準で言語化してくれる。そのため，多くの目で多くの水準で多方面から事例を理解することが可能になるのである。

　スーパーヴァイザーを頂点として構成され，スーパーヴァイザーのコメントを絶対的に正しいものとして学ぶというグループもあり，特に初心の頃には重要な役割を果たすものと思われる。そういったグループにおいてバイジーは超自我との体験や依存的自己部分を集団に投影する。同調圧力やコミュニティーからの序列や疎外感，競争心を投影しやすいかもしれない。本研究会のようなスタイルの事例検討会でも，集団である限りもちろんそれらの情緒は活発に動く。しかし，フラットな人員構成は，自由さ，安心感，フェアネスの感覚を持ちやすく，率直な感覚の発言をうながす自由な空間となりやすい。そういった場でこそ，クライアントの多層的理解につながる発言が生まれるものと思われる。

> **コラム**　助言者を担当して──ライブとしての事例検討会
>
> 　コロナ禍で機会が減ってしまったが，ライブハウスで歌や音楽を聴くのが好きだ。アーティストの熱量や空気感が伝わって観客の情緒が動く。1回1回が違った体験となる。まさにライブなのだ。
>
> 　助言者やスーパーバイザーとして，事例検討会に呼ばれる機会が増えた。初期の頃，事前にレジュメを送ってもらって何度も読み返し，精緻な見立てを作って事例検討会に臨んでいた。緊張もあったし，気負いもあったのだろう。そのうちに，レジュメを当日に渡されたり，レジュメのない検討会，複数の発表者から発表があったり，多職種のクロストーク的な検討会，など現場による個性的な事例検討会をさまざまに体験した。
>
> 　そのうちに気づいたのは，事前に資料を読み込んで，私がコメントを述べる検討会より，その場で検討する会の方が，生き生きとし，参加者の満足度が高いという発見だった。
>
> 　準備ができないと，まとまったコメントはできず，事例発表の経過と発表者の空気感を感じながら，その時に感じた私の感覚や直感から質問やコメントをしていかざるを得ない。そして，その時，発表者はもちろんのこと参加者も事例検討会の中でこころを動かし，自分なりに感じている。私はコメントすることに汲々として，その事実に目が向かず，私の「正しい」理解を独り語りしてしまっていたのだ。こしらえてきた知的な理解は，ライブ感を損なってしまうばかりか，役割上「それが正解」という雰囲気になったりして，参加者それぞれがこころを動かしてケースを考えることの妨げにすらなってしまっていたのだ。
>
> 　これらの気づきから，参加者が思いを巡らし，自分の意見を言えるような共同注視的な事例検討会を目指すようになった。まず私は自分の身体感覚や広義の逆転移的な体感，例えば「さびしくて孤独な感覚」「わかるようでよく腑に落ちてこない」「足がムズムズする」など，その事例を聞きながらライブに湧いてくる未分化な感覚や思考からコメントをスタートするようになった。それを呼び水として，発表者や参加メンバーのそれぞれの体感や感覚を聞いていくスタイルである。こうして，参加メンバーが自由に語ってくれるようになると，ケースを皆で考えるという協働的な場が醸成されてくる。
>
> 　助言者の役割は，複数のメンバーの感覚や感想などの要素をまとめあげて，

それを問いとして発表者に返すことであり，そのやりとりをしながら，私なり
の理論的・経験的なコメントをその場で作っていく。そうしてディスカッショ
ンの後半に仮説や理解がまとめあげられていくようになった。実はその時，相
互作用が起きていて，発表者や参加メンバーも自分なりの理解が醸成されてい
る。この理解を作り上げていく過程を体験することそのものが事例検討会の醍
醐味でありライブ性と言えるだろう。事例発表者と参加メンバーのこころが動
かされ，たとえ小さなものでも何らかの変容がなければ事例検討会に意味はな
い。前章の小尻先生の事例検討会では，発表者とメンバーが交流しながら，そ
れぞれのこころが揺れ動き，個々の理解がまとまっていくライブの過程をみて
取ることができるだろう。

　現在，私は，事例発表の時間のみならず，その間のライブなディスカッショ
ンの時間が重要な過程であると感じている。そのためには，時間として1時間
から1時間半をディスカッションの時間を設けることが有意義であり，事例を
読み上げることだけに時間が取られないよう発表者に配慮してもらうことにし
ている。このディスカッションの時間こそ，ライブでこころ動かす最も有機的
な時間と言えるだろう。 　　　　　　　　　　　　　　　　　　　（岩倉拓）

2　恋愛関係の悩みから情緒不安定になった
ケース ── 密室の出来事をオープンにすること

菊池　恭子

はじめに

　事例検討会でのディスカッションやコメントは，治療者の連想が刺激され，気づきや学びが多く，臨床家の成長にとって役立つのは知られている。しかし，それが分かっていてもなお，事例提示を躊躇することがある。それは二人きりの密室で行われる個人心理療法という臨床実践をオープンにすることが，臨床家としての未熟さを指摘され叱責や批判を受けるのではないかという不安を抱く場合や，治療者がクライエントに過度に同一化し，セラピーのことは二人だけにしかわからないとコメントを受け入れられなくなっている場合など，多くの要因があるだろう。また，事例を提示しようとする際に沸き起こる情緒は，同じ参加者が集う事例検討会でも自分が提示するケースによってかなり違ってくる。そしてその違いには，患者の病理，その時期の治療者‐患者関係，セラピーの課題などさまざまな要素が影響されると思われる。事例検討会で自分のケースをオープンにすることが治療者にとってどのような情緒を伴う体験となり臨床的気づきをもたらすか，私自身の体験を通して検討したい。

事例検討会前

　事例検討会はどのケースを提示するかと考えるところから始まっている。できるだけそのときに困っているケースを出すよう心掛けるが，今回提示する事例を選ぶ際，「出したいけれど出したくない」とためらう気持ちが強かった。それはひとつには，クライエントが陽性転移をわかりやすく態度や行動で示すようになっている状況を提示することで，治療構造の逸脱を扱えていないと非難を浴びるのではないかとの不安や恥ずかしさがあったこと。もうひとつは，そのような事態に陥っていたにも関わらず，「クライエントの想いを感知しようとしない治療者になっている」という逆転移があったためである。言葉にはし難かったが，いつもとは違う不安やとまどいを覚える一方で，だからこそ治療開始半年のこの時期に第三者にみてほしいと思い直し，当日を迎えることとなった。

事例検討会当日

　参加者は普段はそれぞれの職場で仕事をしているが，各々の臨床の場やアプローチといった臨床状況を理解している。この日は助言者を招いて開催された。多くの事例検討会と同様に，司会の進行で，提出理由や検討したい点，成育歴，家族，主訴などの事例概要，続いて初回からアセスメント面接までを話し，ケースの大まかなイメージの共有するところから始まった。

　＊今回提示する事例は，プライバシーに配慮し，会の様子が損なわれない程度に大幅に加工し，本稿に必要と思われる部分のみを提示している。

1. 事例概要からアセスメント

　事例は，恋愛関係の悩みで情緒不安定になり来室した20代女性A。カジュアルな雰囲気の一方で礼儀正しい様子が印象的だった。同棲している

恋人との蜜月はとうに過ぎており，別れるに別れられず嫉妬深い恋人のルールに振り回され続けている数年だという。機嫌を損ねると荒れ狂う恋人との諍いを避けるため，自ら友人や家族との付き合いを絶ち，恋人と二人の世界に居続けていた。Aは職場でも場の空気を読み，我慢強く世話役に徹し，それを「仕方ないこと」と思い過ごしていたが，数カ月前より「自分に自由がなく辛い」と感じるようになり，その頃から過呼吸やめまいが頻発，電車に一人では乗れなくなった。そのため自ら精神科受診したところ，薬物療法と並行して心理療法を勧められたという。

　アセスメントで語られた最早期記憶は，『ベランダに出て，そこにある棚に上ろうとして父に駄目だよと言われる。海を見ようとしていた』というものである。幼少時，家族はとても仲良かったが，いつの頃からか母は父を毛嫌いするようになり，夫婦関係は破綻，離婚により母子家庭となった。母はもともと精神的に不安定な人で，機嫌を損ねると手が付けられなくなるほど豹変し，育児にもむらがあった。そんな母に対し，兄弟は思春期に激しく反抗したが，Aは「お母さんは大変でかわいそうな人」と思い，常に母の顔色を窺い，我慢強く迷惑をかけないよう誰よりも気遣ってきたが，自分がどうしてそう思うのかはわからなかった。大好きな父が家を去ったのも，「幼少の頃十分楽しく過ごせたのでもういい」と諦めているのが印象深かった。

　アセスメント面接を通じてわかったのは，Aが人生の大事な局面で常に空気を読み，我慢強く母/恋人の意向を汲み続けてきたことだった。しかも，それはAが自分を誇れる唯一の点でもあり，「自分がどうしたいかという言葉の意味すら分からない」と真顔で話した。けれど，今やそのつらさは身体化や鬱状態という形で現れ始めていることを私たちはアセスメントの期間を通じて共有し，心理療法では恋人との別れという現実的な解決ではなく，「自分で自分のことを考えられるようになること」を目標とし，週1回対面で会うこととなった。

　まずはここまで提示し質疑応答やコメントの時間が設けられた。参加者からはこの時期に事例化に至ったきっかけや家族関係を明確にする質問があり，私はこの事例に限って家族の存在に目が向いていなかったと気づかされた。また助言者の「家族についての否認がある」「治療者を好きというのは，いろいろなものを隠すために転移を濃厚にして本当にところに触れたくない」とのコメントから，Aの抱える母親への隠されたアグレッションや母からの支配の問題を改めて認識させられている。

2．開始半年の面接経過

　続いて約半年間の経過を報告した。開始当初は恋人との別れ方が話題になったが，二人の関係を「共依存」と話し，相手の機嫌を損ねることなく別れたいと，「自分がいなくても相手が幸せになれるとわかっていたら別れられるのに」と真剣に話しては泣き続けた。私は二人の関係を具体的に整理していくなかで，Aから「DV被害者」を連想した。Aは別れを望むも切り出せず，「もう家族」となっている恋人の世話に多くの時間を費やし，好きではないと言いながらも，家ではお互い赤ちゃん言葉で話していることを恥ずかしそうに語った。私は「恋人がAを束縛し依存しているだけではなく，Aもそのような関係を必要としている」との理解に至り，そう伝えた。また，恋人の激しい性格は母と似ており，幼少から母を守ってきたAがこの数年は恋人を守ろうとしてきたという反復をAがうっすら自覚するようにもなった。

　そして，数カ月がたつと「ここで話すと，暗いところが出てくるよう」と，これまでは相手優先で「あることさえわからなかった」自分の心の内側に気持ちがあることに気づいたが，そのような情緒に触れそうになると「うける～」などと自嘲し，茶化すことも増えた。また，時を同じくして，一時的に治まっていためまいや喘息，過度な自己卑下や希死念慮が再燃し，面接室内では私の反応を気にしながら面接室のクッションを抱えきょろきょろと落ち着かない様子をみせたり，言葉遣いも友人に使うような

ため口へと変わるなど，治療者への依存を思わせる態度も目立つようにな
った。私はその変化をまるでこどもが母親に甘えるようだと思い，母親転
移の解釈をするが，「（治療者を）好きなのは，自分をしっかり持っていて，
はっきり言ってくれるところ」と母親としてではなく人として好きだと強
調した。そして，握手を求め，恋人と早く別れられるようがんばれと言っ
てほしいなどと具体的な要求もみられるようになり，当初の目標のための
内省をすっかり忘れ，治療者への陽性の思いばかりが語られるようになっ
た。私はそのようなクライエントの変化を心理療法の進展によるものと頭
では理解したが，急激な展開に悩み始めた。また，いくらAが私を好きだ
と真剣に迫っても，相手の嫌がることは決してしない聞き分け良い子だろ
うとしか思えず，そうとしか治療者に思ってもらえないこと自体が切ない
という気持ちも沸くようになっていた。しかし私は，面接室でこれ以上退
行されることに不安を覚えるようにもなっており，好きな気持ちや依存に
ついて，「想いが叶わないと分かって悲しいのだろう」など二人の関係を
扱い，現実検討を促す介入を意識して行い，行動化をおさめようと躍起に
なっていった。

● ディスカッション①

　ディスカッションでは，母に十分世話されず心理的にも抱えてもらえず
育ってきたAにとって，心理療法は自分を見てくれる場所ができ，初め
て甘えられる状況になっているのだろうという理解が共有された。加えて，
経過と共に起きている発症の時と同じめまいや喘息などの身体化や，治
療者への恋愛感情は，葛藤や自分自身に向き合うことを回避するためのも
のだろうとのコメントが口々に出され，「陽性感情は恋愛転移というより
母親転移なのではないか」との意見や，「Aの特徴である醸し出されるど
うしようもなく軽い感じもまた防衛や治療への抵抗ではないか」との理解
が示された。さらに，「治療者が彼女の傷つきや孤独をすでに感じており，
彼女の話に合わせることになっていているのではないか」という治療者が

Aへ同一化しすぎていることを示唆するコメントもあった。

　また，今後について，「握手を求めたのに叶えられなかったときの気持ちや，我慢している積み重ねを扱い続けることが大事なのではないか」，「これまで恋人や母に預けられてきた『好き放題やっている』という自分の片割れの部分を解釈するというのはどうか」など，治療者がAとの関係性をどのように扱うと良いかや，「治療者の抱いた『向き合いたくない』や『せつない感覚』を大事にしてAとの間で取り扱うといいのではないか」など，治療者の逆転移に注目したコメントが出されている。他には，発言内容だけではなく，面接室内での態度，話し方，仕草など，ノンバーバルな情報に注目するといいのではというアドバイスもあった。

　私は，ディスカッションの活発なやりとりを通じ，「Aと会っていると『真空』を連想する」と，これまで言語化できていなかったAの本質に近づく感覚を得られたと共に，Aの回避傾向や子どもっぽさへの違和感や苛立ちや，退行させすぎという不安や怖さを必要以上に抱いていることに気づかされていた。

3. 直近の3回のセッション

　当日は治療開始約半年の連続する3回のセッションのプロセスを詳しく提示したが，紙面の都合上要約して提示する。

　X回は明らかに体調が悪そうな様子。開始早々「前回，帰り際に早く帰れというジェスチャーをされショックだった」と，帰宅後には死にたい気持ちが出てきて，一人に耐えきれず恋人に慰めてもらったと泣いている。私は，渋るAに帰るよう言葉で促したことを思い返すが，私の何気ない仕草がそのように受け取られたことに内心驚いている。Aはその時の気持ちを「悲しかったが，自分が子どもっぽいからそんな対応されたのだ」と「腹立ち」を否定し，あくまで自分が駄目だと話す。私はAの母子関係を想起し，「私が言うのも変だが，好きになり，大事にしてもらいたいが大事にしてもらえず，結局自分が我慢しないといけないという思いがあるの

ではないか」と母親に抱いていた想いに重ねて伝えると、しばらく黙って考え込んでいるが、そわそわしながら、「菊池さんを、自分を駄目にさせるポジションにさせてはいけない」と話し、ここでも自分が駄目なのだという話に帰結する。その後も表面的と思われる自虐的な話に終始する中で、私は、つい「だからここに来ている。自分で自分のことを考えられるようにというのが目標でしたよね」と治療目標を再確認するが、それもあっさりと受け入れられ肩透かしにあった気分になる。終了間際になり、ぽろりと「今日は本当は来たくなかった」と治療者の態度に実は怒っていたと語るが、時間となり終了となった。

　そして、X+1回は「来る途中で、怖くなった」と電話があり初めてのキャンセル。X+2回は数分遅刻して来室。「一人でいるといろいろと考え調子が悪くなるので、もう好きではないのに恋人にそばにいて欲しくなる」との話に、私は先週の休みを思い出しながら、結局ひとりではいられないと思う。Aは「どんなに寂しくても治療者は恋愛対象外なので頼るのは諦めている」と自ら話題を変え、鬱になった原因と思われる恋人や上司との関係を振り返り始めるが、すぐに「かんがえたくない」とはぐらかし、クッションを抱えて身を縮こませ「もう帰りたい」「眠い」「面倒くさい」と帰り支度を始める。私はこの場で考えることがつらいと共に、私に迷惑をかけないために帰ろうとしているのだろうとAの心情を代弁しつつ、時間内はここにいるよう話す。すると頭を掻きむしり、立ち上がって私に背を向け窓の外をしばらく見ているが、「ああ、落ち着かない」と声を上げ、ブランケットを握りしめて面接室内を歩きまわり最終的にカウチに横たわる。私はその様子をこういう形でしか気持ちを伝えられないのだろうと妙に冷静に見ている一方で、面接室を歩き回るのは勘弁してほしいという気持ちになっていた。終了数分前、カウチに横たわり私に背を向けた状態で話をするAに普段の席に戻るよう促すとすぐに戻る。私は終了後の記録に「巻き込まれそう。これは人に聞かせられない」と記載している。

● ディスカッション②

　当日の雰囲気ができるだけ伝わるよう，ディスカッションのやりとりの一部を記す。

助言者：まず，Aがこれまで触れられなかった部分に触れられるようになり進展がみられる。相手に迷惑をかけられず，相手をまず考えるというのがここでも繰り返されている。先生に迷惑かけている自覚もあり，退行することが怖くなっているのだろう。思うのだけれど，先生の中でここに出すことで覚悟がついたというのはないだろうか？

発表者：それはあるかもしれない。もちろん恥ずかしいという逆転移はAの恥ずかしさの投影と頭では理解し，自分にも言い聞かせているが，そうシンプルには考えられない。特にX+2回にAが面接室内を動き回るようなセッションを事例検討会に出すのは恥ずかしかった。

助言者：神経症であれば転移神経症が出てきたところだろう。希死念慮が出て怖いというのも分かる。

メンバーB：「怖い」というのがAに蓋をする力になっているよう。目標を再確認する治療者の介入は，大人になった方が良いととられ最終的にはいい子に戻り，反応して翌回はキャンセル。だからこそX+2回は困った子になっている。カウンセリングは進展していると思う。相手（ここでは治療者）が困るということは新しいのではないか。

発表者：このとき，Aは自分の気持ちを知ることができないと，代弁し論したくなっていた。しかし，それをすっと受け入れられたのを気になりつつも，扱えないままAを大人にさせて終わった感じがある。X回は物分かり良く帰るのが彼女らしいが，次の回はキャンセルになっている。

（略）

メンバーC：X+2回のセッションを先生が恥ずかしいと言うのはどうしてか？　むしろ隠す方がAと共謀していることになり恥ずかしい。ここは，先生の防衛が出ていると思う。その防衛と彼女の防衛のリンクをも

う少しワークしてみるといいのではないか。

発表者：そうなのですが…。頭ではわかっているが，恥ずかしいと感じて
いる自分がいる。

メンバーD：彼女が情緒を恥ずかしいと思えるようになると進展なのでは
ないか。そこの扱いがもう一段必要になる。X回で頑張ってと言っても
らえなかった後に帰れというジェスチャーをされたというのは，不安が
精神病的な不安に変わる怖さを訴えているよう。「物足りなさや悲しさ
を置いておけず，妄想的な話になるのだよね」と，言ってもらえなかっ
た寂しさがそういう観念に発展していくのを解釈しても良かったのでは
ないか。

助言者：治療者の構造の一貫さは期せずして父親転移に入ってきている。
巻き込まれそうだが，言うべきところは言っているよう。構造を守るこ
とがAにとって安心できる面があるだろう。

メンバーC：先生の姿勢は最早期記憶に出てきた「ベランダで棚に上って
はダメだよ」という保護的な父でもある。枠は重要。帰らず続けなさい
と言ったことも大事な機能だと思う。

メンバーE：最後のセッションを聞いてずいぶん自由な人だと思った。面
接室という空間を使えているし，使えるようにしている治療者がいる。
自由がないと言っているのにカウチという身の置き場を探せているのが
すごいと思う。

メンバーF：ため口という喋り方にも注目できる。一方で誰かとすぐくっ
つくのは防衛でもあり，彼女なりの適応の仕方でもあるのかなと思う。
難しいしおもしろい人。

メンバーD：たしかに面接室を自分の空間にしている感じがする。本当の
ことを話す時は横になるとか，カウチを構造に使い始めるかもしれない。

メンバーC：セッションを聞き，Aはこういう人とわかる感じがした。
「潜在していた鬱が表に出られるようになった」との介入も大事なので
はないか。先生の前に鬱を持ってこられたセッションだと思う。

発表者：家で泣いているという話を聞いても心が動かなかったが，ここで話して，苦しくて寂しくて怒って泣いているAを感じられた。

助言者：父も可愛がるが肝心なことを言わない人。母は壊れそうなところをAに見せている。誰もホールディングしてくれない家族。彼女は今まで自分で自分を抱えてきたのだろう。先生にはやっと触れられるようになってきて，面接室という先生との空間で自由に動けるようになった。

発表者：でも，どこまで面接室内の自由や退行を許すか不安で，セッションの終わりには現実に戻ってほしい気持ちになる。

メンバーE：セッションを聞くとプレイセラピーのよう。この範囲ならば先生がうまく抱えている感じがした。

　最後に司会から今日の感想を尋ねられ，私は「Aの孤独な感じ，寂しい感じ，自分がない感じなど，彼女の理解が進みました。ありがとうございました」と応えている。

事例検討会を振り返って

　事例検討会当日を振り返ると，経過とともに参加者の連想が広がり発言が増えているのが興味深かった。私自身は，前半は自分の臨床実践が評価される不安やこのケースとの間で起こっていた特有の「恥ずかしさ」の感覚から，質問やコメントに応答するのに精一杯だったが，後半になるにつれて安心感が生まれ，最後のディスカッションでは，応答者であると同時に参加者と一緒に事例の流れを俯瞰し検討しているよう体験していた。この安心感に目を向けると，コメントの多くをサポーティブと感じられていたことによるのが大きい。助言者からは，事例の経過を力動的な視点に沿って解説され，精神分析的心理療法で起こるべくして起こる転移関係が始まっているという理解で良いのだろうと思えた。また，参加者からの「相手が困るという新しい関係がつくれている」「父親機能を果たしている」

「面接室という空間を使えているし，使えるようにしている治療者がいる」
などのコメントは，私が治療関係の中で迫害的になりすぎ，非難されるの
ではないかとの超自我的な不安に襲われていたのを和らげる助けとなり，
心理療法に取り組む治療者‐患者カップルが支えられる感覚が持てるよう
になった。

　しかし，このような安心感と同時に，「わかっているのだけれどできな
い」と不安が拭えず，なにか腑に落ちなさがあったのも事実である。その
滞りの打破には，これもまた参加者からのコメントが役に立った。ひとつ
は，ディスカッション①での，「治療者が彼女の傷つきや孤独をすでに感
じており，彼女の話に合わせることになっているのではないか」とい
う，治療者がAに同一化しすぎていると示唆されたものだった。柔らか
い口調で言われたからか，その場ではなるほどそういう視点もあるのかと
すっと受け止めたが，会が終わった後にも「どういう意味なのだろうか」
と長く心に残るものとなった。もうひとつは，ディスカッション②のなか
の，「治療者が恥ずかしがることは治療者自身の防衛であり，その防衛的
な態度により共謀に陥る危険がある」とのコメントだった。それは先のコ
メントとは違い，その場で急所を突かれ身体の奥をえぐられるような体験
で，ディスカッションでは応えに窮したが，内心では頭に血が上り「そう
いう自分をわかっているからこそ今日提出した」と反論したい気持ちとな
り終了後も燻ぶった。コメントされた時の印象の違いは大きいが，どちら
のコメントも心理療法で的確な解釈をされたときの体験のようで，治療者
が「恥ずかしさ」を「蓋」にして立ち止まり，自覚なくクライエントに同
一化し巻き込まれる危険を指摘しているコメントだったのではないかと思
う。このように自分の中に引っ掛かりとして残ったり，心を乱されるイン
パクトがあるような体験が，密室の出来事である個人心理療法の閉塞感を
打ち破るきっかけになるのだろう。長年一緒にセミクローズドの検討会を
しており，私の個人の特性もある程度理解している参加者からだからこそ
治療者‐患者の間で起こっていることの本質を突くコメントをもらえたの

ではないかと思う。

　また，この事例検討会がお開きとなった後も自分の中では事例検討会は
続いており，会での体験を思い返しながらＡの抱えている「怖さ」と私
の「恥ずかしさ」という防衛のリンクとは何なのか，私が抱いた違和感や
事例を出すのを躊躇した感覚について思いを巡らせた。そうすると，ふと，
初心の頃に出会った，安定した母子関係を得られず育ったある患者が治療
者という依存対象をみつけ，対象希求性を露わにした際の激しさを「怖
い」と強烈に体感した経験が想起され，同じような「怖さ」をＡから無意
識に受け取っていたのではないかと思い至った。私は，心理療法が進展し，
Ａの病理が明らかになり「これまで恋人や母に預けられてきた『好き放題
やっている』という自分の片割れの部分」の暴走を無意識におそれていた
のだろう。指摘されたＡと私の防衛のリンクは「否認」という，自己がそ
の事実をそのまま認めると不安や不快を感じるような現実などを無意識に
無視してしまう心の働きそのものであり，クライエントに同一化し，自分
の感覚データを無視し，直面しがたい感情に気づくのを避けていたのだろ
うと思う。

　その後も，Ａが自分の情緒に触れそうになると茶化してごまかそうとす
る反復は長く続き，私はこれまで見てこなかった情緒に触れることが「と
てつもなく怖いことだろう」と繰り返し伝えることとなった。それはこの
事例検討会を通じて言葉となったＡの『真空』の心の中に，「物足りなさ」
「寂しさ」「怒り」などという自身の情緒を注ぎ込み置いておけるようにし
ようとすることのようだった。

終わりに

　事例検討会で事例を担当するのは，事例を検討するだけではなく，二人
きりの密室で行われているセラピーを行う「わたし」という主体を自分以
外の人に向かって開いていくことになるのだろうと思う。参加者との協働

作業がうまくいき，治療者にとって役立つディスカッションが行われたとき，事例検討会は心理療法を支え治療者の気づきを促す機能を果たすだろう。今回は，グループに抱えられる安心感と，参加者からの本質に触れるコメントなどを通じて，閉塞的となっていた治療者が考えられる主体として立ち直るきっかけとなる体験となった。

コラム　参加者からの助言と外部の先生からの助言

　参加者の一人が助言を担当する場合と，外部の先生をお招きして助言をお願いする場合の違いは果たしてあるのかどうかについて考えてみました。参加者が担当する場合には，助言者はあくまでも議論の"口火を切る"という役割が主として期待されているように思います。日頃からの馴染み感がありますので，発表者もそれほどには緊張していないようですし，参加者も他の人たちとは異なる視点からの発言を比較的自由に発言しているように見受けられます。安心して発言できる雰囲気が日を追うごとに高まっていったようです。そのような環境に支えられて，事例提供者は自分が困っている，分からないでいる，なにかおかしいと感じている事例を選んで発表することが多いようです。そして，参加者たちは皆で考えて，自由に連想を巡らしていきます。誰かの意見に刺激されて，さらに自分の理解や考えが発展する経験を度々します。自分の盲点にも気づかされます。助言者自身も他の参加者の発言に触発されて，さらに思考が展開することもしばしばです。一人では限界のある作業を皆で検討しあうことによって，あっちからもこっちからも立体的に考えることが出来るようになるという感じです。まさに事例検討会の醍醐味と言えるでしょう。

　一方，助言者が外部の先生の場合，臨床経験の上でも学術的活動の上でも，参加者たちよりも先輩で，皆が尊敬している先生方ですから，発表者はもちろんのこと参加者もいつもとは違う軽い緊張感や人見知りが自然と生じます。しかも普段の交流はほとんどありませんので，学会活動などで見聞きしているその先生の雰囲気や論点などはだいたい承知しているとしても，一体どんなことを指摘されるのだろう，あの先生だったらどういう見方をするのだろうという緊張感や不安とともに，心が躍るような期待感が膨らみます。実際の討論の進み方はいつもと変わりませんが，ややもすると参加者からの発言はいつもよりは少なくなり，発表者と助言者のやり取りが中心になりがちです。しかし，そこでのやり取りは新鮮で心地よい空気を私たちに送り込んでくれます。先生方は，とても思いやりに満ちた姿勢でクライエントの心情についてより深い理解を提示してくださいますので，自分もまた頑張って臨床に取り組んでいこという勇気が湧いてくるように感じます。

　したがって，どちらの場合にも基本的には事例検討会の内容に質的な違いはありません。どんなときにもそこで起きていることの力動と治療関係を理解し，

考えてみるという取り組みは一貫しています。しかしながら，外部の先生の場合には，その意見を受け身的に拝聴するという空気になりやすいことは否めません。グループの成長という観点からみると，これも乗り越えたい課題の一つです。先生方の助言は，言われてみればたしかにそうかもしれないと感じることばかりなのですが，それを自分の中で咀嚼して，自分自身の言葉で表現することができればと思いますし，自分なりの理解や違和感，疑問を封じ込めないでいられる在り様を模索していると言えます。私の思考の主体は私であるという感覚が大切なのでしょう。そういう意味で，事例検討会そのものが一つのセッションのように，皆の自由連想で進んでいくことが望ましいように思います。

　また，事例検討会の資料について，予め助言者に読んでおいてもらう形式と当日に配布する形式があります。この検討会では後者がほとんどで，皆がその場で同時に資料を見ます。同じ資料を見ながら，助言者がどこに注目するか，疑問を持つのか，どういう見立てを行うのか，リアルに聞くことができます。自分の視点との異同もはっきりします。それが思考の訓練になります。つまり，参加者であっても外部の先生であっても，助言者の意見はあくまでも一つの意見です。決して正解を求めている訳ではありませんが，それが正解とは限りません。こころの事象にはそれこそいろいろな要素が絡んでいます。内的な対象関係，欲求，フラストレーション，現実的側面，置かれている環境，セラピストとの関係性などなど，どの視点から理解するかによって意見はさまざまと思います。グループでは，それぞれが注目する側面が異なりますので，多角的な意見が出されます。それによってより総合的にクライエントの理解に近づくことができるように感じています。

（中村留貴子）

3 過食嘔吐と自傷を繰り返す女性のケース
── 事例検討会という場で生成されるもの

野村　真睦

はじめに

　臨床場面と同じく事例検討会も人と人が交わる場である限り，発表者や参加者のこころにはさまざまな情緒が起こりうる。新しい発見や気づきが得られて事例検討会を終えるときもあれば，複雑な情緒が絡まりもやもやとした思いを味わうときもあるだろう。今回提示するケースにおいて，私もまた参加者との相互作用を通してさまざまな情緒を体験したが，その体験の意味について探索していくことが新たな患者理解を拓く手助けとなった。このプロセスを描写し，事例検討会の意義について考えたい。

事例概要

　摂食障害の20代女性Aである。Aは母親が運営するピアノ教室で講師として働きながら，自身も別のピアノ教室へ通いレッスンを受ける生活を送っていた。心理療法開始の約1年前，原因不明の意識喪失を起こしたのをきっかけに精神科を初受診し，それ以降はピアノから遠ざかるようになっていた。通院開始後も体調が回復せず，次第に社会復帰できないことで焦りや苛立ちが募るようになったため，主治医から心理療法を勧められた。

　Aは幼い頃からピアノを習っており，学校生活よりもレッスン優先の日々を送っていた。自身のことを「いい子だった」と語るように模範的な生徒として振る舞っていたが，人と対立するのを恐れて言いたいことをはっきり言えず，交友関係は浅く狭いものだった。中学になると体型変化を受け入れられず拒食が始まり，しばらくして過食嘔吐へと転じた。高校では女子グループになじめず退学し，この頃から過食嘔吐に加え自傷行為が始まった。やがて自分の能力ではピアノを職業にするのは難しいと悟るようになり，パン屋でアルバイトを開始するなどピアノ漬けの生活が緩み始めた。ちょうどその時期に母親がピアノ教室を開設し，母親に誘われる形で講師として教室運営を手伝うようになっていた。母親はピアノを仕事にしてきた人であり，Aは「母からいつも正論で返されるので何も言えなくなる」と語った。会社経営の父親とは情緒的な交流はあまりなかった。4歳下の妹には生まれつき持病があり，「母の関心はいつも妹に向いていた」とAには体験されていた。

　アセスメント面接の中でAは「気持ちを誰にも言えなくて過食するか自分を傷つけるかしかなくなる。言葉で表現できるようになりたい」とセラピーへの動機を口にし，週1回対面での精神分析的心理療法が開始された。

面接経過

　セラピー開始当初，Aは面接室でも「いい子」の面を見せていた。私の介入を素直に取り入れ，過食嘔吐してしまう気持ちに触れ，言葉につまりながらも自らの心のありようをなんとか語ろうとした。その従順で真面目な姿勢はどこかレッスンを受けに来ているようであり，そんなAに呼応するかのように，私は正しい解釈や助言を与えなければならない気持ちにさせられることがあった。だが，そうした窮屈さよりも自分が有能な治療者の座に居坐ることの安心感のほうが上回っていた。

　ほどなくして「早く復帰したい」というAの言葉とは裏腹に，手の震え

やじっとしていられない等の症状が増悪し，Ａの体はより動けない状態となっていった。Ａの求めに応じて主治医は多量の薬物を処方するようになっており，その副作用も影響している様子だった。そして，Ａは以前できていたことがますますできなくなる自分に怒りを向け，自傷行為を頻発させるようになった。過食嘔吐や自傷行為を抑えられないことに罪悪感が生じ，しかしそうするしかない自分にみじめさや嫌悪を募らせ，その鬱積がさらなる行動化へ走らせるという悪循環が形成された。開始から3カ月経過するころには，食事や入浴もままならず一日中部屋で無為に過ごすだけの生活を送るようになった。するとそんなＡに対して母親が具体的に世話を提供するようになった。母親は傷の手当てを施し，入浴や洗髪を介助し，固形物が食べられなくなったＡに流動食を手作りして与えた。この時期，私もまた生活管理が優先されるべきと考え，解釈を控え具体的な助言や指導を与えるようになっていた。Ａは体調悪化と引き換えに周囲の関心や世話を手に入れることに成功したかのようだった。だが，こうした状況は長く続かなかった。数カ月経っても一向に持ち直す気配を見せないことに業を煮やした母親は態度を一転させ，日常の過ごし方の一挙手一投足にわたって細かく指導するようになり，時に叱責して手を上げることもあった。Ａもまた母親の態度に反応してじりじりと焦燥感を高めていった。

　私は，この状況を依存と自立をめぐる問題が反復されていると理解し，母親から否応無しに分離を迫られることへの不安に焦点づけていった。するとＡは「昔から私の本音を言うと喧嘩になっちゃうんです。言い返されそうでこわいんです。それでつらいとか苦しいとか言えなくて。母の言うことは正論だけど，でもわかってほしい。気持ちをどこに打ち明ければいいんだろうって思います。結局溜め込んで，はけ口がなくて，自分でもどうしていいかわからない」などと，対立を恐れるあまり本心を飲み込むしかなくなる苦しさについて語るようになった。対照的に，Ａは治療者である私に対しては「母には言えないことも先生なら聞いてくれる。もやもやしたものや本当の気持ちとか溜まっていたものを話せる。1週間溜まった

毒素を排出できる」と言い表しており，溜め込んだ情緒を週に一度セラピーで吐き出すことでこころのバランスを保とうとするあり方がうかがえた。

　その後，回を追うごとに私に対するAの依存的な態度は色濃くなっていった。セッションでは私が話し出すのを受け身的に待つことが増え，一問一答のやりとりに終始することも多くなり，次第に私は言語化や咀嚼を手伝わされることを重荷に感じ始めた。また，解釈も長い目で見ると何の栄養にもなっておらず，Aが最初に語っていた「言葉にできるようになりたい」という主体的なニードはいつのまにか消え失せ，セラピーの場が吐くために使われていることに苛立ちを覚えるようにもなった。こうした逆転移について考えることで，私もまた彼女が依存に留まろうとすることを容認しておらず，母親と同じように自立という正論を掲げる人物となっていることに気がついた。そして，Aは本心では現実社会に戻りたくないという願望を持っていながらも，それは正論によって反駁されるものであるため飲み込むしかないのだろうとの考えに至り，こうした理解にもとづきピアノの世界に復帰することの葛藤を取り上げるようになった。

　以下は，開始から一年になる頃のあるセッションの一部である。

A：いつ戻れるんだろうって不安です。ピアノは楽しいはずなんだけど全然そう感じなくなっちゃって。
治療者：本当は戻るのがこわいという気持ちがあるんじゃないでしょうか。でもそれは考えないようにしておきたいのでしょう。
A：（沈黙）…こわいです。「ピアノが楽しい」ってのがあやふやになってて。そう思っちゃう自分も大嫌いです。好きなはずだからそういうふうに思いたくない。このままじゃいけないって分かってるんですけど。でも今の体じゃまだ戻れないし。現実を見るのがこわい。ピアノに興味が薄れてしまったというか。前はピアノがないとダメだったんですけど。でもそんなこと母には言えないし。それにピアノから離れたら本当に何

もなくなっちゃう気がします。どんなときも続けてきたのはピアノだけ
なんです。今は教室を持ったから離れることはできないし。気持ちがご
ちゃごちゃになってしまって。こんなこと誰にも言えない。

治療者：ピアノから離れたい気持ちを口にするのもいけないように感じる
のですね。

A：気持ちの整理がうまくできなくて…（泣く）。ピアノをやってるから
過食嘔吐になったし今みたいになった。そこはつらいんです。ピアノが
仕事になってから逃げ道がなくなったし，ピアノから逃げられなくなっ
てしまったとも思う。でもずっとそばにあったのはピアノなんです。だ
から辞めるのはできなくて。そこに行くしかないんです。

治療者：ピアノを続けたい気持ちとピアノから逃げたい気持ちの両方があ
るから苦しくなるのでしょう。

A：逃げたいほうは認めたくない。それをごまかしながらやってるかんじ
です。大人になってだんだん自分の身の丈がわかってきて，ピアノやっ
ててもこの先無いかなあって思うようになって，何回もやめたいやめた
いと思いながら続けてます。母が教えてるからピアノをやってなきゃい
けない，そういう縛りがあります。

治療者：その縛りから抜け出したいと思いながらも，お母さんから離れる
ことに不安があるのだと思います。

A：自立していけるか不安です。今は全部親に頼ってしまっている。お金
も寝るところもご飯も困らないし。でも周りの人と比べて遅れを取って
るって焦りがある。自立するのは目標だけどこわいってのが正直な気持
ちです。

　このようにAは，母親との拘束的な関係性に息苦しさを感じながらもそ
こから離れることができない葛藤に触れるようになった。だが，そうした
思いを言葉で語るようになると「手を切断する夢」「舞台から転落する夢」
「教室に鍵がかかって入れない夢」といった夢を立て続けに報告した。私

は夢について「ピアノをやめることは奈落の底に落ちるように恐ろしいことで，到底 1 人ではやっていけないと感じている」と独り立ちすることの恐れを取り上げたが，彼女はそれについて深めようとはしなかった。そして，直後の診察で A は「いったん家から解放されたい」と主治医に入院希望を訴え，唐突に約 1 カ月のセラピー中断を迎えることとなった。

ディスカッション

　事例検討会ではここまでの約 1 年の経過報告を受けてディスカッションの時間がもたれた。そこで助言者や参加者から次のようなコメントが出された。

助言者：こういう考え方もあるっていう形で聞いてもらおうかな。吐いて解決しようとか吐いてすっきりしようっていうのは無理ですよね，だってもやもやはあるんだから。ピアノって完璧主義を要求されるものだと思うんだけど，そういう中で生きてきたんだろうしお母さんとの関係もそうだったと思う。だからいい加減というか，中途半端というか，すっきりしない生活を楽しむみたいな人生観が大事になるんだと思う。葛藤を置いておく能力というか，ピアノやお母さんから距離を置けて吐き気を感じながらも吐かずにいる，吐き気を置いておけるようになる方向が共有されることが大事だと思う。でも治療者は吐いてすっきりしよう，明確にしてすっきりしようっていう方向に協力している。明確化や言語化で吐き出させることに協力していて，治療関係の中にもやもやしたものを置いておけなくなっている。すっきりしたくてしょうがないっていうあり方とぶつかり合うようなやり取りが必要だと思います。

発表者：そうですね，葛藤を直面化して言語化してっていう方向になっているところはあると思います。彼女とやりとりしているとなぜか突きつけたい気持ちになるところがあって。曖昧に話したり，受け身的にしか

答えないことも多いので，それを明確にしていくとどうしてもそうなっ
てしまう。結局それが正論を言ってくるお母さんと同じ対象になってい
たということだと思うんですけど，曖昧なものをそのまま抱えるという
方向には行けなかったです。それもあって彼女は1カ月エスケープした
んだと思います。

助言者：強迫的な人と会っているとこちらも強迫的になってしまうことは
あるよね。でもそうじゃなくて治療者のほうがいい加減になる，曖昧な
ものを置いておけるようになるっていうことですよね。吐くに吐けない，
離れたいのに離れたくない，切りたくないのに切りたい，辞めたいのに
辞めれないっていう，そういう気持ちを吐かないで置けるようになるこ
と。それを期待したいですね。

メンバーB：彼女の言っていることはよくわかるなって思いました。彼女
は親の世界でやっていこうって思っているけど，もう限界でどうしたら
いいかわからなくなっていて，そんな中でなんとか自分を束ねて生きて
いかなきゃいけない。そういうしんどさ，口惜しさ，残念さを体験して
いる。夢に関しても的確に見ているし，重要なことをちゃんと悩んでい
る。どうしたらいいのか分からないことに直面するのがきつくて過食嘔
吐や自傷で紛らわすしかなくなっている。そのあたりのしんどさをちゃ
んと伝えてくれている感じがしました。でも，それを一緒に考えたり抱
えてくれる対象がいないっていうのが彼女の悩みなんだと思う。お母さ
んは対処はしてくれるんだけどコミットしてくれないし，彼女自身もコ
ミットの仕方を知らない。だからとりあえず今は先生に苦しみを聞いて
もらって整理してもらっている。それを今先生との間で体験中なんだと
いうことを感じました。

メンバーC：友達がいないっていうことですけど，長年レッスンに通って
いて周りの人や教室の先生との関係がどんなものだったのかっていう話
は出てこないんでしょうか？

発表者：そうですね，詳しいエピソードは出てこないですね。

メンバーC：例えば彼女が泣きごとをいったら教室の先生が励ましたりとか，そういう関係性があったんじゃないかなと思うけど，それは一切語らないで彼女の空想とか夢とかっていう世界になっていて，向こう側にある現実がよく見えない感じがします。見せないようにしているのか伝わってこないのか。彼女がそこをどう体験しているのかっていうところをなぜ言わないんだろうって思います。

発表者：彼女のリアリティーがはっきりしないっていう感覚はありますね。現実から撤退して自分の世界に入ってしまっている感じがするんです。過食嘔吐や自傷行為や，たぶん薬に依存するのもそうだと思うんですが，いろんな苦悩や葛藤をそういったことで麻痺させたりザーっと流してるっていう感じがしています。

メンバーC：何が起こっているか知りたくなるけど，それを聞くと直面化になってしまうんですね。

メンバーD：彼女はお母さんに引き込まれてピアノを続けているけれども，その世界を拒絶してそこから抜け出したいっていう激しいものがある気がする。でもそれは出さない。拒絶したらお母さんが傷つくんじゃないかとか，お母さんに捨てられてしまうんじゃないかっていうのがあるからだと思う。先生に対しても受け身的になってこちらが踏み込んでいかざるをえないようにしているけど，そうやって本質的な人間関係を拒絶しながらも自分の方にひきつけておく，先生をひきつけておくけどでも本当には関わらない，そういうパターンが再現されていると思います。

発表者：彼女にはいろんな怒りや不満があるはずなんですが，それをなかなか言葉にして出さないなって感じています。そういう怒りを口にできないからこそお母さんから分離できなくなっているように思います。

助言者：治療を始めたら悪化したっていう問題がありますよね。これは治療に来ても良くならないっていうことを言ってるんだと思う。入院するのも治療者から距離を置きたいっていう話で。関われてないのはここ。「お前の所に来てもちっとも良くならない！」っていう思いをあなたが

引き受けなきゃならないよね。この人が一番言いたいことがそれなんだと思う。治療者が食えない奴だとか吐き気を催すような奴だとかっていう話をするためには，あなたがもうちょっと煮ても焼いても食えない奴になった方がいいと思う。あなたがスッキリした人になってしまうとそのことを取り扱えなくなる。これは生き方変えろって言ってるようなもんだけれども，あなたが変わらなきゃいけないところがあると思いますね。

＊実際の事例検討会では，このあと直近セッションまでの面接経過が報告され，全体を踏まえた上でのディスカッションの時間がもたれたが，ここでは紙面の都合により割愛する。

事例検討会を振り返って

　事例検討会でこれらのコメントをもらい，会を終えたあと私は次のようなことを振り返った。

　たしかに私の介入はAの言葉にならない思いを割り切らせる行為になっており，Aもまたそれに合わせるように言葉を吐き出し，心の中をすっきりさせようとしていたのだと気づかされた。「言葉で表現できるようになりたい」というAの動機に応じて言語化を促す方向で治療を進めていたのであるが，そうしたアプローチではなく，言葉にならない胸苦しさそのものを体験できるようになる方向を見据える必要があったのだろう。見方を変えると，ある種の情緒や葛藤をこころの中に置かないようにするAのやり方に私が加担していたということでもあり，これが治療を行き詰らせる要因のひとつになっていたと考えられた。

　このように，それまでの私には持ちえなかった視点が指し示されたことで，まったく別の展望が一気に開かれたような感覚を覚えた。だが一方で，どこか腑に落ちない感覚も片隅にあった。それは事例検討会の中で経験し

た私の情緒や感覚に由来していた。メンバーから支持的な意見をもらうことの安心感や心強さ，各々の読みに対する感心や納得する感覚などと伴に，すぐには消化できないような漠然とした戸惑いの感覚も私の中に生じていた。つまり，ディスカッションを通して私自身の中にもやもやしたものが生起したのであり，この情緒体験について考えていくことに意味があるように感じられた。

　事例検討会の場でどのような交流が生じていたのかという角度から捉えた場合，次のプロセスがあるようだった。セラピーを通して治療者である私とAの間に同一化が生じ，Aと同じように私自身もこころの中をすっきりさせようとする治療者になっていたのであるが，この時点ではそれは私に考えることができないものであった。その後，Aと同一化した私が事例検討会というフィールドに身を置き，非言語的な水準を含めてメンバーと交流した結果，もやもやしたものを排除しようとする私のあり方が浮き彫りになり，そして自分がAと同じ心の状態になっていることを実感するに至ったのである。このようなプロセスは投影同一化という概念でも記述可能であるし，スーパービジョンにおけるパラレルプロセスと同様の現象が事例検討会で起きていると理解することもできるだろう。治療者が患者のある側面に同一化することにより，事例検討会というフィールドに患者の一部分が持ち込まれ，治療者‐患者間で生じていたのと同じ布置が発表者‐参加者の間でも展開するのである。言い換えれば，患者に影響を受けた治療者としてのあり方が，事例検討会に臨む発表者としての姿勢に映し出されるということになる。

　それでは，事例検討会で私が味わったもやもやとした情緒体験はAのどのようなこころの様相を反映していたのだろうか？　それを考えるには私の個人的な体験を手繰り寄せていく必要があるだろう。そもそもこのケースを提供するにあたり私が何を望んでいたのかを振り返ってみると，助言者やメンバーから有用なアドバイスや手がかりをもらうことで，思うように進展しないセラピーに対する無力感を解消してもらおうとする依存的な

期待を抱いていたように思う。もちろん事例検討会にこうした期待を向けるのはよくあることだろうが、このときの私は「誰かに正しい答えをもらいたい」という気持ちを明らかに抱いていた。つまり、このケースを選択する段階から、主体性を放棄して他者に万能的に依存したいという願望が少なからず働いていたのであり、それこそが自立する責任を放棄しようとする受け身的なAと同じ状態になっていた部分と考えられるだろう。苦悩や無力感や不確かなものに耐えられず、正しい答えを与えてもらいたい発表者＝患者として事例検討会に臨む私がいたのである。

　一方、それとは異なる種類の気持ちも私の中に生起していた。助言者の先生から「あなたが変わらなきゃいけない」というコメントをいただいたとき、率直に言えば「なんでそんなことまで言われなきゃいけないのか？」と私は感じたのであるが、これは助言者の先生の「親心」からの発言を一方的な「正論」の押しつけとして受け取った為に生じた気持ちであった。その瞬間にAと母親の関係性が私と助言者の間で再現されていたのであり、私が感じた反発心や怒りはAが母親に向けていた情緒と同質のものだったのではないだろうか。すなわち、受け身的に振る舞いながら、かたや、正論を押し付けられることへの反発心や理解してもらえないことへの怒りを溜め込んでいたのであり、こうした情緒こそがAのもやもやの正体だったと言えるだろう。

　またそれだけでなく、私の体験には事例検討会メンバーに対する私的な感情が間接的に作用していると思われた。私はメンバーに対して、同じ道を歩む仲間として尊敬の念を抱きながらもやはり競争心や嫉妬心を持ち、ときに疎外感なども刺激されながら事例検討会に参加しているのであるが、そうした事例検討会内での同胞葛藤が伏流として影響しているようだった。このことは、4歳のときに妹に主役の座を奪われたAが、ピアノの舞台に立つことで母親の関心を勝ち取ろうとしてきたという姉妹葛藤に関連する部分として考えられる。そのようにして母親と同じ訓練の道に入ったAにとって、母親は「ピアノの先生」と「おかあさん」という別々の顔を持つ

存在であったが，Ａがピアノの世界に戻ることは「先生‐生徒」という割り切った指導関係の中に再び取り込まれてしまうことを意味していたと思われる。そんな彼女が排除せずにはいられなかったのは「母‐娘」という生々しい側面だったのではないだろうか。私とのセラピーにおいても真っ向からのぶつかり合いは回避されていたのであり，それゆえ私はＡのむきだしの情緒に触れ続けることが求められていたのだろう。

　事例検討会でこうした理解が得られた後，しばらくしてセラピーでひとつの変化が見られた。それは沈黙の増加という形であられた。決して穏やかな沈黙ではなく重々しさを伴うものであったが，割り切れないものに触れ，それを心の中に留めておこうとする私とＡの変化を表しているように感じられた。

おわりに

　事例検討会で参加者間のインタラクションを通して新たな洞察が鮮やかに立ち上がる経験をすることがある。これは治療者‐患者の二者関係で起きていた事象を事例検討会という第三者に開かれた空間に持ち込むことで，それまでにはなかったパースペクティブがもたらされるためであろう。しかし毎回必ずしも新鮮な気づきに開かれるわけではなく，むしろ簡単には消化できないような複雑な情緒を味わうことも多い。事例検討会に身を置くことで仲間に支えられる安心感や共感が得られることの暖かさだけでなく，苛立ちや孤立感，ときには敵対心や被害感といった情緒さえ去来する。そうしたさまざまな情緒が入り混じった体験にこそ治療関係上の本質的な何かが内包されているのであり，そこで自らの体験の意味について考えることから理解を生み出していく作業が求められるのだろう。事例検討会はこのような作業を支えるフィールドとしての意義を持つと思われる。

付記：事例検討会の「記録」について

　事例検討会の「記録」について付記として触れておきたい。上述した内容は記録係として山﨑孝子先生が書き記したノートと私の体験を照らし合わせて考察したものであり，記録との対話作業に拠るところが大きい。補足的なことになるが，私たちの事例検討会では通常は記録を取っておらず，本書の執筆にあたり一年間のみ各回の記録が作成されることとなった。また，私に後日送られてきたノートは事例検討会のディスカッション部分を直接話法の逐語で記録した形式となっており，いわゆる地の語りは入っていないものである。

　おそらく標準的な事例検討会では詳細な記録が取られることは少ないと思われる。だが，記録の有り無しにかかわらず，ディスカッション内容や与えられたコメント，その場で感じた情緒体験などについて振り返る作業をするのは私たちには自然なことだろう。資料の余白に書きつけたメモを見返して思考を整理することもあるだろうし，特定の言葉が頭の片隅に残り続け，それについて考えるともなく考えるということもあるだろう。あるいは，何週間後，何カ月後のふとした瞬間に言われた言葉の意味が突然理解されるという場合もあるかもしれない。このように私たちは事例検討会で生じた出来事と対話する。つまり，助言者や他の参加者との間で起きた体験を事後的に想起し，その「私」が，過去の自分には考えることができなかった体験と再び出会うことで意味を生成しようとするのである。この「私」と「私以外のもの」との対話が，新しい何かを生み出すための心的な動きとして重要なのだろう。

　事例検討会はこうした対話が多重的に発生する場である。報告者と参加者の間，参加者同士の間といったそれぞれの間（inter）にある外的な対話はもちろんのこと，そこには内的（intra）な対話も存在する。事例検討会の前段階で治療者 - 患者間の出来事について考える報告者内の対話，事例検討会中にディスカッションしながら自問自答する対話，事例検討会後に事後的に振り返るための対話など，さまざまな内的対話がある。さらに

それをするのは報告者だけでなく，参加者それぞれが内的対話への可能性に開かれている。他者からのコメントを受けて新しい視点を獲得することは事例検討会の意義の一つであるが，事例検討会の前後を含めた内的対話によって理解を深めていくこともまた重要な要素と言える。そして，記録があることはこうした内的対話の手助けとなるだろう。記録を足がかりとして，事例検討会での自らの体験に目を向けその意味について考えることの積み重ねが分析的な思考を育くんでいくと思われる。

> **コラム**　事例検討会の記録者として考えたこと
>
> 　事例検討会で記録を担当するのはなかなか大変な経験であった。参加者であれば，その場の議論に耳を傾けつつも，自分の感覚に触れたところに留まって考えてみたり，空想したり，時には何故か自分の特定のクライエントがしきりと浮かんで来て，それまで気づいていなかったそのクライエントの姿が見えてくるというような体験をしたりする。その時間は自由に心を漂わせているのだ。
>
> 　しかし記録者という役割があるとそうはいかない。記録を残すという作業をするには，その場のやりとりをできるだけそのまま偏りなく記録しようという意識を保ち続ける必要がある。記録はそこで取り交わされた言葉を文字として残すものだが，決定や合意事項の証を残す目的で作成される会議の議事録などと違い，事例検討会の記録は心理療法の後にセッションで何が起こったのかを思考にのせていく作業をする手がかりとして断片的に残される心理療法の記録と同じ類いのものではないかと思う。
>
> 　私は野村先生（以下治療者）が事例を提出した回で記録者を務めた。改めて文字になった記録を整理する中で沸き起こってきたことを書くことによって事例検討会の意義を考え，その後治療者の書いたものに接する機会を得て，事例検討会を記録することについて考えてみた。
>
> **事例検討会の意義とは**
> 　自分が記録者として記した記録を糸口にしてさまざまなやりとりの断片が私の中に蘇ってくる。そしてその回想はある地点で色濃くなる。それは「患者が行動化，身体化で排出しているもやもやした言葉にならない情緒を言語化すること」つまり「無意識の意識化」という精神分析的な心理療法にとっては至って「正しい」と思われた治療者の治療目標に対して，助言者の先生から「それとは全然違う見方と方向」が提供された地点だ。それは「患者が白黒思考から脱して『生きていくことはもやもやしたことを抱えていくこと』であるという考えを持てるようになること」という視点であった。
>
> 　この新たな視点に立つと治療者の治療目標そのものが，むしろクライエントの白黒思考に共謀している治療者の逆転移とも見えてくる。そしてその時の議論は治療者自身の考え方，生き方にまで及んでいった。思わぬ展開に，治療者は戸惑い，司会者が助け舟を出すという場面もあった。

　私は記録を取りつつその展開に内心「わくわく」していた。それは新たな視点が提供されたことで，私の中でクライエントの姿が「行動化する事で自分の情緒に直面することを回避している人」から「白黒思考で頑張るというそれまでの生き方に行き詰まり，新たな生き方を見出す苦しみの中にいる人」へと瞬時に変化し，それと同時に私の中の視野が広がり，クライエントに対する見方がより肯定的になっていくという体験が起こったからだ。

　どの視点で事例を見るかは，その治療者の依って立つ理論や人間観にもよるだろう。またこの同じ記録から他の参加者は別の連想を繰り広げているかもしれない。

　しかし共通するのは，事例検討会のような場で第三者の視点を得ることに依ってのみ，自分からは出てこない，新たな視点で患者や患者との治療関係を見直す機会が得られるということ，ひいてはそれは治療者としての自分を見直す治療者自身の自己分析の機会にもなり得るということである。

事例検討会の記録について思うこと

　その後同じ記録を糸口に書かれている他の人の連想を読む機会を得た。それは治療者自身がこの事例検討会について書いた文章である。

　治療者は事例検討会の後に体験した自身の「消化できないもやもやしたもの」を手繰り寄せることによって，患者の内的な世界への理解をさらに進める作業を行なっており，緻密に考えているそのプロセスを興味深く読ませていただいた。そしてそれと並行し，私の中で一つの思いが強くなっていった。それをうまく言語化できるかどうか，難しいがあえて言葉にしてみたいと思う。それは助言者から「あなたが変わらないといけない」と言われたことに対する治療者の体験の記述に接して沸き起こってきた思いである。この言葉を治療者がどう体験したのかということが私の中での気がかりとして残ってもいた。それは日頃，同じ治療者である私にとっても大きなインパクトのある言葉であったからである。治療者はこの言葉を当初は「正論」の押し付けと不愉快に感じたようであったが，その後「親心」と思いいたったと述べている。そしてその「正論」を押し付けられたと感じた治療者自身の助言者への気持ちをクライエントの母親への気持ちと重ね，クライエントの情緒への共感を深めていった。その捉え方には私も「なるほど」と思った。事例検討会での自分の体験をクライエントの理解に還元していくことは「正しい」あり方だろう。しかしそれと同時に私

は私が気がかりとしていた助言者のいわゆる「親心」からの言葉は治療者自身の中でどのように消化されたのか，あるいは残り続けているのか是非知りたいという思いが強くなっていくのを感じた。

　私が助言者のコメントを聞いて「わくわく」したのは，その時私がクライエントの人生の可能性を垣間見た気がしたからであり，それは人間というもののわからなさ，別の見方をすれば豊さに通底する感覚であった。そしてその感覚こそが心理療法の仕事に私が惹きつけられている所以であったということを呼び覚まされたからだと気づいた。

　文頭で私は記録について事例検討会の記録は会議の議事録とは違い，心理療法のセッションの記録に近いと述べた。しかしこのように同じ記録を糸口に書かれた治療者の体験に接してみると，やはり事例検討会の記録は心理療法のセッションの記録とも違う性質を持っていると気づいた。

　セッションの記録は，自分のセッションを振り返るためのものなので自分が重要と思ったことや，必要と思ったことなどをメモする程度だが，それ自体すでに自分の選択が働いている。しかし事例検討会の記録は「私だけ」の記録ではなく，参加者全員のその場のやり取りの記録である。それゆえ「私」の選択が入り込まないように実際の言葉のやりとりを字面としてきちんと残す必要がある。

　その記録は合意を残す目的の記録とは違うが，文字になって共有される以上それはセッションの記録より第三者的な力を持つ。

　今回はまず事例検討会の後に自分が記録者として残した記録を見ることによって，それを糸口に，連想が広がり自分の体験を思い起こし考えることができた。そしてその後，治療者が書いたものを読んだ。同じ場に臨んでも，それぞれの体験が違うというのは言わずもがなだが，共有された事例検討会の記録を介して，共に参加していた場面の他者の連想に接し，そこから喚起されたものに思いを巡らせているうちに，さらに自分の中の体験の意味が深まるということが起こった。それは漠然とお互いの印象や連想をやりとりしているのとは違い，記録された言語が投影法の図版のような役割を果たし，それぞれの内面を映し出すことが可能になったからだと思われる。

　しかし「では事例検討会は記録した方がいいのか」と問われると，私は明確に答えが見つけられない。共有された記録を基に参加者同士が連想をやり取り

するというような機会を持つことができるなら，体験の深まりや，変化を促す意味を持つものとなるかもしれない。また残された記録を後から見ることによって，その時の自分やメンバーの現在と過去との変化から何かを見出すことができるかもしれない。

　しかし一方でまさに「記録を残す」という意味での記録は，字面的には同じ記録であってもそこから連想するものや，感じるものはやはりその人その人で別物になるだろうと考えると，同じ記録を共有しているということ自体が幻想で，本質的には事例検討会の記録はそれぞれの心の中にしか存在し得ないのではないかと思うからである。　　　　　　　　　　　　　　　　　　（山﨑孝子）

第 3 章
心理療法家としての学び
── 専門家を目指して ──

1 精神分析的な治療者の育ちと 集団《グループ》の役割

伊藤　幸恵

職人はひとりでは育たない

　宮大工の棟梁として弟子たちを育てる小川三夫は，職人が集団の中で育っていくことの大切さを伝えている。「集団は不揃いがいい」と彼は言う。飛鳥時代の大工は，不揃いの木を適材適所に使って堂や塔を組み上げた。法隆寺の五重塔もそうして作られ，千年の歴史を越えて傾くことなく建ち続ける。違いや変化を抱え込むことが生む柔軟性という強さについて考えさせられる逸話である。

　職人はひとりでは育たない。精神分析的な治療者という職人も，本来職人集団における修行の末に育ちあがっていくものなのだろう。事例検討グループは，精神分析的な治療者が育っていくための集団のひとつのかたちといえる。先輩，後輩，同輩との尊敬，友情，ライバリィ，嫉妬も羨望もすべてをひっくるめた関係，「仲間」の存在が，職人が育っていくことにおいて重要な，さまざまな役割を担っている。しかしそこで小川の言う「ふれあい」，交流が生じなければ，その恩恵はごく限られたものとなるだろう。交流とは，事例検討グループでいえば，発表に触発されたメンバーのコメント，コメントに刺激された発表者の反応，それを聴く他のメンバーの反応という，作業場における有機的な循環のことである。初心の頃か

らしばらくの間，そこに積極的に参加することは私にとってはむずかしい
ものだった。それは臨床家としての経験の浅さ，体系的知識の不足や自信
の乏しさゆえと考えていたが，どうもそればかりではなかったことを道半
ばのいま，振り返っている。

　どうやらそれは精神分析的な治療者としてのトレーニングにおける初期
の特徴的なプロセスを反映してもいそうだ。英国独立学派の精神分析家で
あり，豊かな人間性と創造性にその文章を通してわれわれも触れることが
できるコルタート（Coltart, N.）は「『精神分析』を理想化する独特の傾向
やそこから生じる諸々は，研修生の指導者がどうふるまったところで解消
するものではないでしょう」（1993）と指摘している。理論や先達を絶対
的なものとして従おうとする傾向は初心の治療者の多くが通る道でもある
ようだ。文献を辿ってみると，諸家が陰に陽に同様のことを語っているの
がわかる。

　権威主義からの脱却，メンバーが能動的，主体的に参加し，有機的な循
環の生まれる事例検討グループを成立させることは，実は簡単なことでは
ないのかもしれない。Super-（上から下へ）の関係，理論や先達の理想化
を越えていくために，個人とグループにはどのような作業や課題が求めら
れるのだろうか。私は集団《グループ》の中で精神分析的な治療者が育つ
ということについて考えてみたい。

精神分析的な治療者の育ち

　精神分析的な治療者の育ちと権威主義的環境の問題については，古くは
バリント（Balint, M.）が「一次愛と精神分析技法」（1956）の中で取り上
げている。フロイトを愛し，対峙し続けたが，精神分析の表舞台からは長
きにわたって追いやられてきたフェレンツィの後継者バリントの言葉で
あるだけに重みがある。彼はトレーニングをめぐる「2つの症状」として，
トレーニングという話題の適切な科学的議論に起きている「制止」とシス

テムが教条的になる傾向について問題提起をしている。特に後者について，「原始社会の秘儀入門儀式」になぞらえて，秘儀を授ける側には「精神分析という密教的知識についての秘密主義，精神分析家はかくあるべしという要請の教条的宣言，権威的技法の使用などが見られ」，一方受ける側には「ドグマ的，権威的扱いにさほど抵抗せずに屈従し，過度に崇拝的な態度をとる」と指摘する。これらの目的を「候補生を秘儀入門の導師に同一化させ，（中略）この同一化から，生涯彼に影響し続けてやまない強い超自我を作り上げるように強制すること」としている。トレーニングの達成目標は「強い批判的超自我」「どんな無意識的同一化からも，どんな自動的転移あるいは思考パターンからも自由な自我」であるはずなのに，「驚くべき」事態が生じていると叫ぶバリントがいる。ただ，この時代の背景にはアドラー，ユング，シュテーケルの脱退という大きな外傷体験があり，こうした事件の再発予防のために精神分析コミュニティの求心性を極めていく必要に迫られていたという事情を考え合わせる必要があるだろう。

　しかし，その後も権威主義の問題は取り上げられ続けている。精神分析の原理に忠実で，やや硬い印象もあるカーンバーグではあるが，彼は「精神分析家候補生の創造性を破壊する30の方法（Kernberg, 1996）」という論文の中で，権威主義的な環境がいかに精神分析的治療者としての育ちを阻むか，皮肉とユーモアたっぷりに語っている。

　こうした権威主義的環境の問題は確かにあるのだろうし，それは前述したような初心の治療者による理論や先達の理想化の傾向と相互に影響しあってもいるのだろう。理想化のもとで，教育者や精神分析は「権威」的存在となり，Super-（上から下へ）の関係と体験されることから始まるのもある面では自然な流れなのかもしれない。重要なのは，その後に続く治療者としての内的な発達プロセスである。

　コルタートは，前出の書「精神療法家として生き残ること」（1993）のはじめの1章でトレーニングについて語っている。彼女は「精神療法家になること」と「精神療法家であること」を明確に区別する。「精神療法家

になる」とは，トレーニングを経て資格を得るまでのことを指している。
ここでいわれている「資格」は英国における精神分析的精神療法家として
のそれであり，治療者としての育ちの初期と言い換えられるだろう。そこ
では「分析やその影響力を理想化する傾向は，トレーニングコース中に何
人かの分析家や精神療法家に出会う中でどうしても育まれるものですし，
研修生にとっては，課せられた要求に耐え抜くために必要なものでしょう。
（中略）つまり，理想化は，トレーニングがもつ幼児退行的な効果と不可
分に，その期間中続くのです。」とある。この「トレーニングがもつ幼児
退行的な効果」という点が興味深いと思う。精神分析的な治療者のトレー
ニングの一環として自分のための精神分析やサイコセラピーを受けている
ことは，当然「幼児退行的な効果」を生むだろう。さらにトレーニングの
初期において，教育者は親となり，研修生には「育てられる」体験が享受
されるということも示唆されている。本邦にも精神分析的な治療者の育成
機関はいくつかあるが，それらは育つための家となる。まずは教育者や集
団，一つ屋根の下の親にしっかり依存すること，育てられる喜びにどっ
ぷりと浸かること，それがもつ「幼児退行的な効果」も大いにあるだろう。
「職人はひとりでは育たない」のうちのひとつめの要素である。「精神療法
は基本的に，自己への信頼を基盤とした技術」とコルタートは言った。人
が養育者との愛着を基盤に他者や社会への信頼，自己への信頼を育んでい
くのと同様に，精神分析的治療者としての育ちにおいても教育者や精神分
析そのものへの信頼，治療者としての自己への信頼を育んでいく必要があ
る。

　事例検討グループは，職人集団のひとつのかたちだ。ブリトン（Britton,
R.）は精神分析的な治療者として充分な量の経験を手にするにはとても長
い時間がかかることを指摘し，それゆえしばらくの間，先達，すなわち
「受け継がれた英知」に頼る必要がある，と述べている（2003）。理論的知
識に頼り，より経験豊富な教育者などの他人の経験に頼ることになるとい
うわけだ。数カ月のあいだに数百人の患者と出会い，さまざまなケースを

比較し学ぶことができる医師の研修過程を考えてみれば，私たちの実践においてはキャリアの全体にわたってもそれほど多くの患者たちに出会うことはできない。experience based を基軸に進む精神分析的な治療者の育ちには長い時間を要するのだ。それゆえ，さまざまな臨床現場のケースと「受け継がれた英知」を共有し，自らの臨床の知見を豊かにしていく場として，事例検討グループの価値は高い。

　東北大震災の翌年である 2012 年の日本精神分析学会第 58 回大会で，英国の精神分析家ビクター・セドラックは「成長した心理療法家における発達─大切な対象の哀悼が必要なこと─」と題された講演を行った。セドラックは精神分析インスティテュートのトレーニングの最後の年にコルタートのセミナーに参加し，「精神療法家になること」から「精神療法家であること」への発達についての豊かな示唆に感銘を受けたエピソードを語った。彼女の言葉『It took many years after qualification to develop into the analyst one could be』について，セドラックは「その人のパーソナリティーに根づいたパーソナルな直観を発達させ，それをある程度自信を持って利用できるように精神分析の専門性と手を組ませるのには長い期間がかかる」ということだろうと受け取っている。この発達のプロセスに，mourning 喪の哀悼が必要である，ということがセドラックの主張だった。私たちは，先達や先達への崇拝を手放す必要があり，そうする中で，私たちは先達や彼らの英知を内在化するという。理論や先達の模倣から内在化へ，というプロセスを支える興味深いパラドックスである。

　初心の頃にはよくあるものと思うが，普段指導を受けている事例を他の助言者による検討会に提示した際に，信じ切っていた見立てや考え方が覆されたり，まったく異なった視点が与えられることによる揺らぎもひとつの喪失体験であろう。私は大学院修了のときに同期有志と卒後研修を本書の監修者である中村留貴子に申し込み，グループで手ほどきを受け，数年の分離ののちに中堅以上の治療者を対象とするこの事例検討グループに改めて参加した。駆け出しの私は卒後研修グループである程度の連続性をも

って検討されていた事例を，別の助言者による事例検討会に提出した。検討会の後に中村から感想を問われ，私は正直に「混乱した」と報告した。中村の応答は「混乱するぐらいでちょうどいい」というものだった。当時の私は，混乱のさなか「まるで他人事じゃないか」「ずいぶんいじわるなことを言うものだ」と腹を立てつつ，何がどう「ちょうどいい」のだろう，とあれこれ考えたものだった。当時の私には，若干被害的に「こうでもしないと考えない人，とでも思われているのでは」と訝ったり，「たしかに，この混乱を契機にさまざまな角度から考えてみることは有益かもしれない」と現実的に捉えたりすることぐらいが関の山だった。しかし，現在の私が振り返れば，「話が違うじゃないか」という指導者に対する落胆，自分が信じていたものが絶対的なものではないと足場を失うような揺らぎ，助言されるまで気付くこともなかった視点を提供した助言者に対する尊敬と羨望，ある視点にすっかりフィックスしていた自分に気付く新鮮さと裏腹の，自分に対する落胆，内心はそうした揺らぎや脱錯覚の渦中にあったことが見えてくる。そして，あの感覚は精神分析的な治療者としての育ちの見えない推進力になっていったかもしれない，と思うのだ。

　土居は「精神療法の臨床と指導」（1967）の中で，「一人の治療者が治療者として成長するために経験する種々の困難は，非常にしばしば人間の抑圧された内的葛藤に関係している」ため，個人スーパービジョンにおいてはややもすると治療者のパーソナルな問題に踏み込んでしまいがちであるが，集団的指導の場合はこうした困難が比較的少ないと指摘している。「それだけ治療者個人との接触が表面的なものに終わるからだと言えるかもしれないが，その反面集団的指導の方が治療者の治療者としての自覚を喚起するには便利なところがある」とあるように，事例検討グループにおいては治療者としての自分自身が題材となっていく。初心の私が参加した卒後研修グループは気心知れた仲間で構成されていたが，それでも治療者としての仲間に感じるライバリィ，自分には到底追い付けないもの，手に入れられないものを目の当たりにして嫉妬や羨望は渦巻いた。個人的には

親しい間柄であっただけに，却って葛藤は生々しいものだったかもしれない。

　また別の事例発表の機会の後にあまりの不甲斐なさから「担当治療者が私でなければ…」と弱音を吐いたとき，臨床の先輩に「無責任なことを言うな」と一喝された記憶も鮮明に残っている。治療者としての自分自身の覚悟の甘さを恥ずかしく思うと同時に，責任感という足場もたしかに持った。自分にないもの，足りないものを自覚して補うべく精進もしたが，どうしようもないものも存在していて，それを実感をもって受け容れられるようになるには長い時間を要した。

　中村を助言者とする卒後研修グループを離れたのち，学派も個性も異なる数人のスーパーバイザーによる個人指導も経験した。そうしているうちに「精神分析」とはなにか？という問いをもち，折々に自分なりの考えを巡らせるようになったが，一方で精神分析を受けたことがない自分は「精神分析」とはなにか，本当には知ることができないのではないか，という限界にも直面するようになった。その山頂からの眺めがどんなであるのか，登った者にしか肌身で感じることはできないのと同じだ。私は，登頂した先達の描き残したものを通してしか，それを知ることができない。ただ，精神分析的サイコセラピーを受け，学ぶ者として，その固有のありように魅力と可能性も感じている。山の中腹や裾野に広がる生態系の豊かさが，より幅広い臨床現場で生かされていくよう，仲間たちとともに活動していきたい，そんな志を持つようになった。

　自身のライフステージに合わせ，トレーニングに時間的・経済的制約が加わることもある。女性は，治療者としての育ちの重要な時期である30代を出産，育児という大仕事に費やすことも多く，不自由な身の上に直面することになる。もちろんそれらは治療者としての自分の育ちに与する貴重な体験であることは間違いないが，この多忙な現代において仕事と育児の両立をしながらトレーニングを続けることの苦労は想像を絶するものであろう。やりたいこととやれることの折り合いをつけること，諦めること

も必要になってくる。こうして目指したもの，手にしたもの，失ったもの，諦めたものが，パーソナルな治療者としての自分をかたち作っていくのだ。

　中村との分離ののちに改めて参加した本事例検討グループの体験は，初心の頃のものとはずいぶん質の異なるものになっていた。初心の頃のグループでは，治療者中村の事例の捉え方，治療のはこび方を学び，治療者としての考え方や価値観に触れる，という体験に大きなインパクトがあった。この中堅以上の臨床家が集まるグループでも，ライバリィを感じないとは言わない。けれども寧ろ際立っているのはメンバーひとりひとりのもつ個性，固有の味わいの方であり，あの治療者とこのクライエントが織り上げていったひとつだけしかない心理療法を味わう，そういう体験になっている。もちろん湧き上がる疑問やコメントは率直に伝えあう。そこでは治療者それぞれが内に育むオリエンテーションや臨床感覚，信念が浮き彫りになり興味深い。あるディスカッションでは，クライエントの「不適応」を問題として扱う発表者に，メンバーが「適応はそんなに大切か」と問う一場面があった。治療の目標，目指すものについての考え方もさまざまである。私自身は医療において経験を積んできた臨床家であり，医療現場が，病むことを通して自分自身や自分の人生を編み直すための豊かな土壌となることに精神分析的な視点は役立つという信念をもって仕事に取り組んできた。そして患者が症状や障がいに苦しみ受診している限り，症状消失や適応性の改善を目指さないわけにはいかないと考えている。さらに精神分析的な治療介入を現場に根づかせていくために，アウトカムを示していく必要性も痛いほどに感じてきた。よって，いつのまにか臨床家としての重心が回復や改善に傾くということが起きがちであると思う。しかし，私たちが出会うのは，過酷な環境を生き抜く（順応）ために己を殺さざるを得なかった人たちであり，現代社会への適応には向かない個性をもつマイノリティの人たちである，と指摘されればそれも真で，私は自身の立ち位置や価値観を振り返らないわけにはいかない。現代社会への適応が，「踊り場のないエスカレーター」（中井，1979）という言いようのない窮屈さ，

息苦しさに耐え続けることを意味するならば，不適応という形で休止状態にあることの意義も強調されるべきであろう。事例検討グループでのディスカッションが，こうしたさまざまな考えや価値観を浮かび上がらせ，事後も考え続け，そのうち自分の中の臨床観，臨床感覚を育むエッセンスとして消化されてゆく。事例検討グループと個人のあいだには，そういう循環，代謝が生じている。

　ケースメントは，患者 - 治療者 - スーパーバイザーという「スーパーバイズの三人組」において，スーパーバイザーが治療者より「もっとよい世話役」になることで治療者を傷つけている場合があることを指摘しているが（2006），多様な治療者が多様な意見を交わす事例検討グループではそれが起きにくい。ケースメントは赤ん坊と母親の間に「もっとよい母親」として割り込んで妻を傷つけた自身の体験から語っているわけだが，事例検討グループは母親の育児を支える大家族のようなもの，ともいえるかもしれない。こうした大家族機能は，初心の治療者のみではなく中堅，ベテラン，精神分析の学派を越え幅広い層でグループが構成されていることでさらに生きてくるものと思われる。

　また，私たちの事例検討グループは「精神分析的サイコセラピー」の実践研究をテーマに掲げている。精神分析的サイコセラピーとは「実体をもった外的現実をそれとしてとらえたうえで，無意識との関係を理解する」姿勢がひとつの特徴であり，「心理療法における関係性の理解はもちろん，クライエントが帰ってゆき彼らが生きている現実生活をも感じ続けている必要がある（高野，2017）」，という考え方が私には馴染む。さまざまな現実を生きる参加者の経験や知恵が，クライエントを生かしている営みに彩りを加えて描き出し，いままでとは見え方の異なる彼らの像が結ばれてくることもある。たとえば，ある地域，地方の土地柄や文化，その中でその人が生きることが背負う意味や現代社会の中である職業人が抱える困難，幼少期からのスポーツや芸術分野の専門的なトレーニングに向かう人の日々の生活や体験，カルト宗教団体のもつ独自の集団力動や特徴など，

リアルな情報によって照らされ，その人の生きる現実や苦しさ，その人の
困難が示唆する無意識的な意味が多層的に映し出されるようになる。

おわりに

　そもそも精神分析という文化自体が，不揃いであること＝多様性を抱え
込む構造をもち，揺れや傷つきや喪失を経て消滅することなく100年の歴
史を越え発展してきた。論争や対立を越えその歴史を紡いできた不揃いの
精神分析家たちは，心柱として精神分析への愛を共有しているのであろう。
そして私たちも，精神分析，サイコセラピーへのさまざまなかたちの愛を
胸に技芸を磨く。事例検討グループは，そのための作業場であると同時に，
メンバーのパーソナルな治療者としての人間観，人生観，治療感など，さ
まざまな価値観が交差する舞台となるのだ。そうして治療的営みを生み出
す母胎としての精神分析を自らのうちに育み，今日もクライエントと向き
合い続ける。

文　献

Balint, M.（1952）Primary Love and Psycho-analytical Technique,Tavistock Publication,
　London.（中井久夫監訳：一次愛と精神分析技法．みすず書房，東京，2018.）
Britton, R.（2003）Sex, Death, and the Superego: Experiences in Psychoanalysis. H. Karnac
　books Ltd., London.（豊原利樹訳：性，死，超自我 —— 精神分析における経験．誠信
　書房，東京，2012.）
Casement, P.（2006）Learning from Life: Becoming a psychoanalyst. Paterson Marsh Ltd,
　London.（松木邦裕監訳：人生から学ぶ．岩崎学術出版社，東京，2009.）
Coltart, N.（1993）How to Survive as a Psychotherapist. Sheldon Press, London.（館直彦
　監訳：精神療法家として生き残ること —— 精神分析的精神療法の実践．岩崎学術出
　版社，東京，2007.）
土居健郎（1967）精神療法の臨床と指導．医学書院，東京．
Kernberg, O. F.（1996）Thirty ways to destroy the creativity of psychoanalytic candidates.
　International Journal of Psycho-Analysis 77, 1031-1040.
北山修監修，高野晶編著（2017）週1回サイコセラピー序説 —— 精神分析からの贈り物．

創元社，大阪.

中井久夫（1979）思春期の精神医学．安田生命社会事業団.

小川三夫（2012）不揃いの木を組む．文藝春秋，東京.

Sedlak, V.（2012）The development of the mature psychotherapist—the need to mourn valued object.（松木邦裕監訳：成長した心理療法家における発達——大切な対象の哀悼が必要なこと．精神分析研究57, 220-234，2013.）

コラム　事例検討会での体験 —— 初心の頃と比較して

　数年前，初めてこの事例検討会で事例を発表した時のことを振り返る。事例を読み終えた後，次々と出てくる助言の先生やメンバーの方からのコメントに，私は戸惑い，圧倒されていた。その場の雰囲気は，初めて発表する私を迎えてくれる暖かいものであり，コメントも決して威圧的なものではなく，その場に軽く置かれていくようなものだった。しかし，一人一人の方から発せられる事例理解やクライエント理解は，それぞれの臨床観に裏打ちされた，独自の，その人自身のものとして感じられた。対峙した私は，多くのコメントに支えられる思いがしながらも，自分が自分のクライエントをどう見ているのか，問われている気持ちにもなった。うまく表現できないが，今までとは異なる「しっかりしなくては」という気持ちが生じたことを覚えている。

　こうした現在の体験と，初心の頃に参加していたグループスーパーヴィジョン（以下，GSV）での体験とを比較しながら考えてみたい。初心の頃の私は，提示される臨床素材に対し，何となく漠然とした印象を抱くものの，言葉として表現できず，事例理解に生かすこともできなかった。事例を発表しても見立てすらできず，深く落ち込むこともあった。しかし，1つの臨床素材を数人で検討する場では，私が抱いたものと同様の印象を，助言の先生や他のメンバーの方が言葉にして発言されることがよくあった。それは，自分の漠然とした理解に言葉が与えられ，腑に落ちる体験であった。そして，そうした1つ1つの理解を元に事例全体が理解されていった。断片的で曖昧な印象が，実は臨床的に意味あるものであり，どのように事例理解に生かされるかを，私はGSVで体験的に学んだと思う。

　私にとってのGSVや事例検討の場は，こうした初心の頃の体験がベースにあった。疑似的な臨床の場であり，提示される臨床素材に対し，自由連想的に心を動かしながらコメントをする。そうしたさまざまな断片的な印象や仮説が，その場のメンバーやスーパーヴァイザーの先生によって，1つの理解として紡がれていくという体験である。私はそこでなされる事例理解を受身的に受け取り，学びとしていた。一方で，現在の事例検討会での体験は，断片的な理解や印象が，スーパーヴァイザーの先生によって1つの理解に収斂されるような，初心の頃の体験とは異なる。それぞれが自立した臨床家であり，臨床素材から刺激されるものと内的対話を重ね，各々の事例理解を心に描き，それが交流さ

れていると感じる。この事例検討会で私が出会っているものは，そうしたさま
ざまな臨床家の心の空間のように思う。

　事例検討会では，1つの臨床素材に刺激を受け，さまざまな心の動きがグル
ープ成員に生じ，それぞれの理解が相互に交流される。この交流が事例検討会
の面白さだと感じる。ただそこでは，自分自身をさらす感覚も同時につきま
とう。自分の無理解や浅はかさが明るみに出て，情けなく，傷つくこともある。
一方で，さらされた生身の素材が，グループの中で抱えられ，クライエント理
解が情緒を伴って広がることもある。また私自身も，他のメンバーの発表や発
言に共鳴し理解が深まることもあれば，疑問を感じ，否定したい気持ちが生ま
れることもある。事例検討会とは，こうした異なるものとの出会いの場なのだ
ろう。他の臨床家の心の用い方に触れながら，自分自身をさらし，一人では体
験できない体験に自分を開いていく。こうした場を定期的に持つことで，臨
床家としての心が，変容しながらも，独りよがりにならず開かれたものとなり，
臨床を行う上で信頼に足る経験や，自分独自の臨床的な在り様が形作られてい
くのかもしれない。
　　　　　　　　　　　　　　　　　　　　　　　　　　　　　　（西村玲有）

2　自己愛の傷つきの場としての事例検討会

戸谷　祐二

はじめに

　心理療法家の自己愛がクライエントのこころの真の理解を遠ざけ，治療的な進展を阻むことを私たちは知っている。それがなかなか厄介な問題であることもわかっている。「これまで孤独に過ごしてきた彼は，本当はこの場で私と交流できることを求めているのだろう」，「目の前で涙している彼女は，私から癒されることを望んでいるのではないか」といった理解が，実は心理療法家自らの「つながれるとよい」，「癒やせるとよい」という自己愛的な願望のネガであったというのはお馴染みの逆転移である。そこにクライエントも無意識的に同調し，治療的に見えたプロセスが膠着することもまたお馴染みの展開である。自己愛を巡るこのような問題は心理療法において避けがたいものであるが，そこを潜り抜け，治療的，創造的な営みへとつないでいくことが治療の本質ともいえる。

　そのために心理療法家に求められるものは何か。オグデン（Ogden, 1992）は読書と精神分析の体験を重ね合わせて以下のように述べている。

　　　読者も被分析者と同様に，彼が新しい著作を読み始めるたびに知らないという厄介な気持ちを思い切って体験する。……（中略）……学ぼうとするとき，私たちは今まである特定のやり方で頼っていた観念の間の結合が

　　消滅するという緊張に自分自身をさらすことになる。

　セッションを重ねれば，クライエントについての知識，体験は増えていき，ある理解が心理療法家の中で形を成してくるだろう。しかしそのような理解は心理療法家をクライエントとの真の交流から遠ざけ，膠着や不毛を引き起こす可能性を孕んでもいる。心理療法家が「知らない」，「わからない」ということをもちこたえ切れずに，自分の中で作り上げた「こうではないだろうか」，「こうであるはずである」といった理解や期待にしがみつき，その轍にはまり込んでいるような場合にそれは起きる。その背後には，クライエントを理解し，解釈を伝えなくてはならない，そうしないとクライエントの力にはなれない，といった心理療法家自身の容易には抗いがたい自己愛的な信念 belief からの誘惑があるだろう。このとき心理療法家は自分自身が作り出した理解の中に閉じ込められ，自らの思考を思考することに拘泥している。それは心理療法家が心理療法ではなく，自らの自己愛を保持する作業にコミットしていることを意味している。

　オグデンの言説は，このような真にわかることを巡る困難さを説いている。そこから導き出されるのは，クライエントのこころを読み解き，真に理解しようとするならば，心理療法家には自己愛の傷つきにもちこたえ，わからないという体験にこころを開き，わからないという緊張感に身をさらしながら考え続ける能力が求められるということである。それはビオン（Bion, 1970）が精神分析家に求めた「負の能力 negative capability」すなわち知らないことにもちこたえる能力や「記憶なく，欲望なく，理解なく」という執着からリリースされた在り方と通底している。名人にでもならないとその境地に到達することは不可能なのではないか。そのような「マイナスの全能感」（小此木, 1981）にも用心しつつ，ここでは自己愛の傷つきにもちこたえ，わからないということをできる限り体験できる能力を育んでいく場としての事例検討会について考えていくこととする。

自己愛の傷つきと理解の解体の場としての事例検討会

　松木（2018）は，心理療法家が集団体験としての事例検討会を必要とする所以について次のように述べている。

> 　人は集団に入るとき，みずからのナルシシズムとその痛みに触れる機会を得る。それが，私たちがみずからのなかに〝負の能力 negative capability〟を育んでいく基礎になるのだろう。

　事例検討会に参加することによって私たちは，新たな視点を得たり，理解を深められることを期待するし，実際にその通りでもある。また事例検討会に参加し，他の参加者らと議論し，理解を共有する体験自体が，心理療法家としてのアイデンティティの醸成，維持に寄与することになる。それは心理療法家としてこうありたい，こうあるべきという心理療法家の社会化された自己愛を育むことにもなるだろう。事例検討会がもつこのような機能は，私たちが心理療法家を営んでいくために必要ないわば正の能力positive capability を培っていると言ってよいかもしれない。

　しかし参加者らが想い想いに発言し，さまざまな思考や感情が交錯することになる事例検討会の場では，それらが必ずしもあるまとまりへと収斂し，共有され，理解の深まりがもたらされるわけではない。たとえばある参加者の発言が，違和感，否定感といった負の感情，考えを伴って，困惑や混沌を他の参加者の中に引き起こすこともある。事例検討会の参加者らは，否が応でも互いに他者からの圧力にさらされることになるのである。そのような体験は，私たちが拠り所としている自己愛からの保護を侵襲し，「何か十分に考えたり，伝え切ることができなかった」，「どうも受け入れられなかった」といった不全感や疎外感などを生じさせるかもしれない。あるいはそれまでわかっていたと思っていた理解が解体し，断片化した考えがまとまらずに浮遊したまま会を終えるといった状況が生じることもあるだろう。事例検討会に参加しているときよりも，会を終えてからの

方が，よりまとまった理解が結実してくるということもよくあることである。本会のように経験のある心理療法家が集い，助言者を置きつつもよりフラットな形で自由に発言，議論する形の事例検討会では，特にこのような体験が生じやすいように思う。

　事例検討会においてより強調されるべきは，実はこのような自己愛の傷つき，理解の解体といった負の体験をもたらすいわば負の機能 negative function ではないかと思う。それは個人スーパービジョンだけでは十分に果たせない機能であって，それなくしては負の能力の涵養は難しいからである。

個人スーパービジョンと事例検討会

　個人スーパービジョンでは，スーパーバイジーが感じ，考えることが困難となっている体験を収納し，思考可能にするためのコンテイニング機能がスーパーバイザーによって供給されることが重要である。その機能を礎として，スーパーバイジーの気づきの獲得や理解の深まりがもたらされ，スーパーバイジー自身のコンテイニング機能が涵養，賦活される取り組みがそこでは行われる。一方事例検討会では，自分の中にコンテインされていたはずの収納物が侵襲を受けたり，あるいは自分の中から排除されていた感情や考えがいきなり外から降りかかってくるような体験が生じる。他の参加者のさまざまな発言の中で連想が妨げられたり，その場で支配的な解釈に違和感を抱いたり，発言が誰にも受け止められることなく霧散して，よくわからなくなるということがしばしば起きるのである。特に自己愛的に化合された成分と結びついて居場所を得ていた感情や理解は，他の参加者からの意識的，無意識的な攻勢の対象となりやすいように思う。

　一旦形成されたクライエントについての理解が，さらには心理療法家としての自己愛が，ときに強く，ときに微細に揺さぶられるということは，個人スーパービジョンにおいてももちろん起こり得る。しかし事例検討会

という集団の中では，そのような体験が原理的に避け難いものであり，より際立って生じるように思う。極言となるかもしれないが，個人スーパービジョンがコンテナー／コンテインドの体験をより優位にもたらすのに対して，事例検討会は「わからない」という体験と自己愛の揺らぎからの生き残りの試練を突きつける。報告者にしろ，参加者にしろ，事例検討会に一旦参加したからには，討論からひきこもることなく，自己愛の痛みにもちこたえ，プライベートな心的空間を生成，維持し，その中で考えを考え続け，そして発言，交流する機能を失わないことが課題となる。実はこれは心理療法の中で求められる能力とパラレルである。それゆえにこのような体験に継続的に身を曝すことが心理療法家の訓練として必要なのである。事例検討会は個人スーパービジョンを受けることができないときの代替的な次善の手段であると思われがちであるが，両者にはそれぞれ独自の機能や意義がある。

事例検討会の実際

　以下では，事例検討会に私が報告者として参加したときの臨床素材と討論を提示しながら，事例検討会の負の機能についてより具体的に考えてみたい。

　その男性クライエントは他者との情緒的交流をもつことができないことを主訴に来談した。職場では周囲に非常に気を遣いながらうまく合わせてやっているものの，彼のコミュニケーションは社交辞令としての表面的なやり取りに終始していた。家庭では情緒不安定で侵襲的な母親に家族が振り回されており，彼はできるだけ母親と距離を取ることでこの状況をしのいでいた。家族と感情や考えをやり取りし，受け入れてもらうという体験は彼には皆無であり，家族への愛着はまったく欠如していた。
　自分のプライベートな事柄を他者に語ることは，相手には無意味である

というのが彼の認識であった。自分の話が相手にとって有用か，理屈として正しいかということのみが重要であり，また自分がいかに合理的に考えられているかという自己愛的な優越感が彼の支えとなっていた。他者のことも有用かどうかという点からしか見ておらず，基本的に人間関係は鬱陶しいものと感じられていた。人間として重要な何かが自分には欠落しているという強い否定感はあるものの，他者との交流がないことによる孤独や空虚といった内的な苦しみは欠如しているようであった。

　面接を重ねる中で，彼は他者のプライベートな生活，世界を想像することができず，それゆえに他者のプライバシーを知りたいという強烈な衝動をもっており，自分自身のプライバシーの感覚もわからないことが明らかとなってきた。プライバシーを知りたいという衝動は，特に相手と近くなりたいと感じたときに生じるようであった。私は，家族の中でプライバシーの体験をもつことが難しかったこと，理解不能な存在として排除している母親を実は希求しているように思われることを解釈した。

　さらに両親を含め，周囲の人たちがプライベートなところでつながっており，そこから自分が排除されることに敏感であること，自分は相手から求められていない存在であるという身の置き場のなさがあることが語られた。私は，面接の外では話せない不安や葛藤について今ここでこうして話していること，このような話をできる関係を求めているように思われることを解釈した。彼は，ここでは招かれた客のような立場なので話すことができる，と答えた。

　その後，話を共有できる人の希求，わかってほしいがわかってもらえないのではないかという不安，他者から攻撃，排斥される怖れ，自分の弱さへの気づきが語られるようになっていった。私は，他者との交流を拒絶していた彼が他者を求め始めているものの，私も含めてどのように関係を築いていけばよいのかわからず，もて余しているのだろうと感じていた。このような局面において，日常でのある体験をすぐに誰かに話したいと感じたが，話してどうなるものかとも感じた，ということが語られた。このと

き私は，この面接が彼にとって大切な場となっている一方で，日常生活の中では私に頼りたくとも頼れないことに私との距離を感じているように思われることを解釈した。彼の答えは，この場は日常とは異なる近くて遠い場である，というものであった。それは，私のプライベートな世界から自分は排斥されているという訴えであり，それゆえに私のプライバシーを知りたいという衝動が彼の中で高まってきているのだろうと想像された。

　以下は臨床素材を報告した後の討論である。

助言者：親子関係において一体感を求めると境界を引かれ，嫉妬が沸く。一方でクライエント自身が親との間に境界を引くことは許されておらず，侵襲を受ける。そのような境界の曖昧さから身を護るためには自己愛的な世界にひきこもるしかなかったのではないか。セラピストとの関係においても，あくまでお客として治療の素材となる話をして相手を喜ばせるということが起きている。本物の自己には触れない偽りの関係だから，面接が終わるとそこでの体験は引きずらずにいられる。わかってもらいたいけれどわかってもらえない，という神経症的な葛藤ではなく，よりプリミティブな問題がある。

発表者：クライエントにとってまだ安全な領域でセラピーを受けているという状態のように思う。

助言者：今はそれでよいのではないか。彼がここで安心できることは必要なことのように思う。

発表者：一方で私のプライバシーを知りたい，境界を越えたいという衝動は高まっているように思う。

助言者：境界が脆弱な家庭環境に育ち，クライエントの中でも境界がわかっていない。境界があるとすぐに排除されると感じる。その不安や恐怖がプライバシーを知りたいという衝動に置き換えられている。

発表者：境界を乗り越え，プライバシーを知ろうとするという問題に対し

て，境界を引けるようになっていかないといけないのだろうか…。

（中略）

メンバー A：「母親を求めている」という解釈はクライエントに取っては空虚である。母親に対しては何もないという空虚感に触れることが必要ではないか。リビドー的なものを自分で破壊して空虚になっている。そこを埋めるのが自己愛になっている。他者を希求してもろくなことにならないという思いがある。

発表者：しかし母親を求めているという解釈がまったく通じていないわけでもない感じがある。

助言者：そのことと関連して，自分が機能不全であり，弱いところがあるということに目が開かれているところもある。

発表者：自分の中にこれではまずいという実感はあるように思われる。

メンバー A：セラピストに話を聞いてもらいたいというのも，どこまでが本当かはわからないが，嘘ではないよう。

発表者：一方で欺かれているのではないかという感じも（今思うと）ある。

メンバー B：面接していて嘘っぽい，触れられないという感じはあるのか？

発表者：嘘っぽいという感じは（面接の最中には）しないが，私との関係性は深まっていかない感じ，クライエントが殻にこもっている感じはあるように思う。

助言者：そのことと関連して，面接もクライエントの自己愛を満たす場になっていないかということが気になる。

発表者：確かにそうなっているところがあると思う。ただ不思議なのは，それで嫌な気持ちが私に起きてこないこと。クライエントには何か可愛げがある。

助言者：それが不思議な感じがする。

メンバー A：セラピストがやさしいというイメージがある。

発表者：そうかな。クライエントが偽りの自己で（可愛げがあるように）

演じているからではないか，ということも思い浮かんだ。

メンバー A：お客と専門家という関係を取り払ったときにどうなるのかと思った。

発表者：お客として招かれているということが本当にそうだとしたら，あえてそういうことを言うだろうかとも思う。それは防衛的な発言であり，背後に情緒的なものを求めているのではないかということを思いもするのだが。

メンバー B：クライエントから「自分は招かれた客」と言われたら，セラピストとしては腹が立つのではないか。その逆転移に対して，その言葉は「クライエントの防衛ではないか」とセラピストは距離を取っているのではないか。そこを離れたときにどうなるのか。

発表者：クライエントはあくまでも治療の素材として話をしていると言うのだが，過大評価しないようにしつつも，徐々にそれだけではなくなってきているところもあるのではないかと感じている。招かれた客と言われて腹が立たないのはなぜなのかとは思うが。

（後略）

　私は，クライエントが母親そして私との交流を求めており，実際に面接の中で自分の日常の体験を語る中で，私との関係が徐々につながってきているのではないか，しかしそこには不安，怖れ，戸惑いなども生じているし，また頼りきれないことへのもの足りなさがあるのだろうと感じ，それに沿って解釈を行っていた。一方で，クライエントが私のプライバシーから排斥されていることに疎外感，拒絶感を抱いており，彼と私の距離が縮まらないと感じつつも，十分に扱えていないことが引っ掛かっていた。

　討論では，まず助言者から，親や私を含め，他者から境界を引かれ，排除される一方で，クライエント自身は境界を引くことが許されずに侵襲を受けるという構図と，面接でも境界が曖昧で無防備な状態であるがゆえに自己愛的な防衛が作動し，本当の自己に触れられずにいるという転移関係

が指摘された。特に後者の転移関係についての指摘から私は，治療に役立つような情報として話題を提供し，有能さを示すというクライエントの自己愛的な防衛に阻まれて，二人の間の本当の交流は回避されているということについて理解を得た。「安全な領域でセラピーを受けている」という私の言葉はそのような理解から発せられている。私はクライエントの自己愛的な防衛にいつのまにか絡め取られていたわけであるが，それはまた「何とかクライエントとの交流をもてないか」という私自身の自己愛的な願望との共謀の産物でもあったように思われる。討論はそこを突かれるような体験でもあった。

　それでは討論を通じてこれで正しい解へとひとまず辿り着いたのかといえば，そういうことではない。上述の，クライエントが交流を希求しており，私とのつながりも徐々に生まれつつあるという私自身の理解もまだ私の中で放棄されたわけではなかった。それらは助言者の指摘で得られた理解によって侵襲を受け，揺さぶられ，「どうもよくわからない」という感覚をともないつつも，私の中で保持され，対話され続けていたと思う。

　また「母親を求めている」という私の解釈，「クライエントには何か可愛げがある」という私の印象，「自分は招かれた客」とのクライエントの言葉に怒りを覚えないという私の逆転移などを巡る助言者，参加者らとのやり取りも，互いの感情や思考が重なり合い，私の中で「何かよくわからない，どうなのだろうか」という感覚とともに考え続けるという交流になっていたように思う。このようなプロセスがもつ意義は，それによって正しい解を得ることにあるのではなく，最初の私の理解にまとまわりついていた自己愛的な成分を削ぎ落とし，わからなさに開かれていくことにあったように思う。

　事例検討会の終了後，討論を通じて生まれた未消化な感覚，考えと対話しながら，以下のようなある程度まとまりのある理解を生成するには時間を要した。

　本来境界には互いを隔てつつ保護する機能がある。また境界なくしてプ

ライベートな領域は存在し得ない。しかしクライエントにとっての境界は，相手から勝手に引かれて排除されたかと思うと，相手の都合で一方的に乗り越えられて侵襲されるものとして体験されている。ゆえに彼にはプライバシーの感覚がわからず，代わりに他者のプライバシーへの強い興味が生じている。私のプライバシーに対しても強い興味をもち，境界を乗り越えて知りたいと強く欲しているが，それはセラピーの破壊につながることになる。彼に可能な手段は，優等生のクライエントを演じ，セラピーをあたかも意味あるものとみせかけながら，私との境界を維持することである。それはまた私との交流による侵襲から彼自身を護ることにもなる。そしてこのような境界を巡る防衛システムのさらに奥には，やはり私（母親）から受容されることへの希求があるのではないか。クライエントに可愛げを感じ，怒りを覚えない私は，彼が求めているやさしい母親になっているのかもしれない。

　事例検討会では，自分の中で考え切れていなかった考えが，参加者の発言によって考えられるようになることもあれば，考えられていた考えが，参加者の発言と重なって，わからなくなるということも生じる。自己愛的な理解，共謀への一撃もあれば，考えられていなかった考えが参加者から発せられ，自分の中に入り込み，そのことについて考え続けることにもなったりする。ただし，そうした紆余曲折を経て立ち上がってきた理解もまた自己愛的なしがみつきから自由ではないことはいうまでもない。

おわりに

　事例検討会に参加すると，「よくわからない」ということが生じる。そこに向き合っていくことは実はわからなかったことがわかることよりも難しいし，おそらく重要なのである。そして自己愛の縛りから解かれ，理解が解体され，わからなくなるということを体験するには，他者性が不可欠である。それは一人では成し得ない作業である。そこには痛みが生じるが，

耐えないと新たな理解は生まれないのだろうとも思う。事例検討会はそのような他者性が供給される場なのである。

文　献

Bion, W. R.（1970）Attention and Interpretation.Tavistock Publications, London.（福本修，平井正三訳：注意と解釈．精神分析の方法Ⅱ，所収．法政大学出版局，東京，2002.）

松木邦裕（2018）エピローグ　不快な集団に入る．藤山直樹監修，大森智恵編著，藤巻純，吉村聡他著（2018）心理療法のポイント──ケース検討会グループから学ぶ，所収．創元社，大阪．

Ogden, T.（1992）The Primitive Edge of Experience. Jason Aronson, Inc.

小此木啓吾（1981）自己愛人間．朝日出版社，東京．

コラム 治療者の主体性，そして自律性の養成の場として

　グループの事例検討会における学びについて，希死念慮の高いクライエントAの事例を発表した時の経験から考えてみたい。Aは面接開始から2年が経過した頃より，面接代金の支払いが滞ることが多くなっていった。Aは「お金がない」「死にたい」と訴え，「ここで話すために，次まで生きていようと思う」と退出することが続いていた。次第に，私はAが自殺するのではないかという不安に縛られ，面接代金の請求ができなくなり追い詰められていった。そのような頃，本事例を発表する機会を得た。そこで治療の枠を守ることの大事さという根本的な指摘と，それが出来ていないことが，Aの病理を肥大化させており，Aの破壊性を扱えていないという助言を頂いた。

　検討会終了後，私はそれらのコメントを頭の中で巡らしていた。私は，治療の枠さえ守れなかったことを反省するとともに，情けなく思い，そのような治療状況に陥った自分に対して腹立たしさを感じていた。しかしながらその自分の感情を手掛かりに，もう一度Aとの面接を振り返ることで気がついたことがあった。それは，死ぬことを訴えて，お金を支払わないAに対して，私は強い怒りを抱いているということだった。私の中で否認されていたその感情は，Aが私に向けている無意識的な憎しみそのものであることにも思い至った。これらの気づきにより，私は，延滞金についてAに切り出すことが可能となった。それにより，「私に死ねって言っているんですか」とAが憤慨しながら号泣する嵐のようなセッションが巻きおこされたが，その破壊的な面接状況を乗り越えることにより「生きていることが一番大事なことだと思う」と，Aを生へと再び繋げることができていった。

　ここに例示した，事例検討会そしてその後の，一連の流れを考えてみたい。私は，主体的に判断しながら，外からの意見を取り入れた。また，検討会後に生じた自らの感情の観察を通して新たな気づきを得ることで，それらを面接に生かし，治療の展開につなげた。これらの過程は，検討会の場の機能に支えられながら，自分の在り方を見直し，立て直すという自律的に考える作業を通して，セラピストとしての責務を果たすことが出来たともいえる。

　これらのことより，グループの事例検討会は，治療者の主体性，自律性を養う場であり，このようなプロセスを積むことで，私たちは，セラピストとして生き抜くための力を育むことが可能になるといえるであろう。　　（太田百合子）

第4章
座談会
── なんでもしゃべってみよう ──

中村留貴子

岩倉　　拓

菊池　恭子

北村麻紀子

小尻与志乃

西村　玲有

山﨑　孝子

中村：今日はお集まりいただいてありがとうございます。この座談会は，今回のこの企画にあたり，原稿では充分に書ききれなかったこともあったかもしれませんので，さらに見えてくることがあるかもしれないという趣旨で企画しました。参加者の中から6名の方に参加していただきました。司会の私以外の方は匿名とさせていただきます。このグループについて日頃感じていることなど忌憚のない話し合いができればと思っています。よろしくお願いします。最初に，このグループに参加してみての感想から始めたいと思います。どなたからでもご自由にご発言をお願いします。

事例検討グループでの体験

メンバー A：私は，この会に最初から参加をしています。参加して私が得ていると感じるのは，割と自由に，本当に困っている体験の水準で話を聞いてもらえて，意見がもらえるというところです。楽な自由な気持ちで参加できるところが，このグループの特徴として一番良いと思っているところです。

メンバー B：今参加させて頂いて3年目になります。私としては，先輩方の事例検討会に参加させて頂いているという気持ちがあって，まだちょっと恐縮しているところです。入ってみて体験していることとしては，先生方の臨床の姿勢みたいなものに触れているという感覚がありますし，今Aさんがおっしゃった自由な感じは，私もこのグループに対して感じていて，このグループの持つ特質なのかなと感じています。

メンバー C：私は，最初からこのグループに参加しているのですが，最初は4〜5人から始まって，今は参加者13名になりました。何よりも，このグループが長く続いていることが特徴的だと思っています。臨床家と

しての自分の変化にこのグループを通じて気づくこともありましたし，他の先生方が変わっていく姿に接することができるというのは貴重な体験です。もう一つ特徴だと思うのは，今集まっているメンバーは，近い臨床的な感覚は持っているのだけれど，これまで学んできた場が違う人達も多く，中村先生がいらっしゃらなかったら会わなかったメンバーと一緒に事例検討会ができるのがすごく面白いなと思っています。

メンバーD：私は，ここに来るまでにずいぶんいろいろなところで経験積んでから入ってきました。でもまだ分析的な心理療法というのはどんなものかっていうことが自分の感覚として摑めなくて，この会はそれなりに経歴を積んだ方々が精神分析的なオリエンテーションでケースをやっているので，他の方のケースを聞くことで，こういうのが分析的なんだっていうのを凄く体験できるし，自分がケースを出してコメントをもらう時に，自分では分析的に考えていたつもりでも，分析的な見方からするとこんな風にも考えられるんだ，という，実践的な広がりをもらえる気がします。

メンバーE：私はこのグループに参加して，10年ぐらい経つんですよね。なので，参加して10年のことを語るのはとても難しくて。最初の頃と今とでは多分違いますし。最初の頃は人数も少なくて，年に2回ぐらい事例発表の順番が回ってきていたんですよね。もう少し小さい所で安心しているイメージだったんですけど，今は10人以上になっていますから，もう少し広くなってきたという感じはしてますね。

メンバーF：私は，このグループで感じるのが，スーパービジョンとは違う事例検討会っていう感じがして，基本的に皆が対等っていう感覚です。参加者が自由に発言することが保証されていて，それが連なって行く時に，ケースが立体的に見えてくるという瞬間があるんですよね。そういう場をベテランの中村先生が守ってくれていると言うイメージです。なので，参加者が，ケースを行う臨床家としても成長するし，コメンテーターとしても成長していくというか，それぞれの違いの中で自分の臨床

観を確立していくことに寄与するような，そんな会になってるように思ってます。

中村：ありがとうございます。このグループにはいくつかの特徴がありますね。参加者の人数が話題になりましたが，現在は12名ですね。グループとしては少し多いのではないかと個人的には思っています。これが適切という基準がある訳ではないと思いますが，事例提供や発言の機会をなるべく保証したいという趣旨に従うとすれば，せいぜい6人から8人ぐらいが妥当ではないかと感じます。このグループは，小寺記念精神分析研究財団の公開セミナーの一つとして開催されていますが，毎年ほとんどの参加者が継続を希望されますので，いつの間にか半クローズドなグループになっています。この構造を今後どのようにしていくのか考えていく必要があるだろうと思っています。それから，普段はメンバーが助言者を担当する形で行っていますが，年に数回はメンバー以外の先生にいらしていただいて，助言をお願いしていますね。ですので，特定の指導者ないしはスーパーバイザーの下で運営されている事例検討会ではありません。このような運営方法について考えていることがありましたら，お願いしたいと思います。

メンバー以外の講師を招くこと

メンバーF：私は，外から先生がいらっしゃる時はなんか別の回になってしまう感じがしていて。その時はスーパービジョンを受けるっていう体験になるので，いつもの会と対照を感じます。別物の感じがしますね。普段のメンバーだけで行う時が，生き生きしている，みんなで自由連想してるっていう感じですね。ケースが見えない時は見えないって体験も含めて，わからないままでもいられる感じがして。やっぱり外部から先生がいらっしゃると，その空間が，その先生のご意見を拝聴するという形に変質する気がします。

中村：私が避けたいと思うことの一つに，馴れ合いや惰性で行われるグループにはしたくないというのがあります。馴染みのメンバーだけでずっとやっていると，何と言うか，おざなりと言うと語弊があるかもしれませんが，自己愛的な集団になりかねないっていう危惧がありますので，そういう意味で，やっぱり時々は外部からの刺激にも接して，異なる視点や思考，感覚に触れることも必要ではないかと考えています。幸い周辺にご協力いただける先生方がたくさんおられることは，私たちにとっては幸運なことで，いつも感謝していますね。

メンバー A：今の中村先生のお話を伺って，先生の深い考えを今初めて知ったと言うか…。私も他の先生がいらっしゃる回がちょっと異質に感じていました。この会は自分が困っていることについて，すごく自由に，分析っていう考えだけに縛られない話ができるのがよいと思いながら参加していました。でも，他の先生がいらっしゃった時の感じというのが，やっぱりいつもの事例検討会とは違う，主にスーパーバイザーの話を聞くというグループスーパービジョンのようになってる感じがして，この会にそういった回がある意味はなんだろうと思ってたところがあったので，ああそうだったのか，そういう風に馴れ合いになるのを防ぐっていう意味があるんだなって納得してしまいました。

メンバー C：そうですね。やはり，それこそ10年以上一緒やってきている先生方のコメントと外部の先生のコメントってやっぱり違うという感覚がありました。自分がケースを担当した回を思い出すと，精神分析的な視点でコメントを頂き，ケースを精神分析的に理解するという意味ではすごく役に立ったなと思います。一方で，いつも一緒にやっているメンバーのコメントは，どちらかというと，私という人間を知った上で，コメントいただいているようで，そこは大きな違いだなと思いました。

メンバー E：私は，助言の先生がいらっしゃる時は，みんなが少しかしこまった雰囲気というか，外部からいらした先生のお話を伺う姿勢になってる感じがしています。違った視点とか，いつもと違うコメントはとて

もありがたいのですが，何か言いたいことをみんなあまり言わないで終わってしまうような感じがしています。

中村：それはその時々の先生にもよると思いませんか？

メンバーF：グループに，パッと馴染んでいく先生と，こういうスタイルがある，とかやり方があるとか，先生方によって個性がありますね。それこそレジメを先に準備してくるというやり方もあるし，いろいろなスタイルがありますよね。

メンバーB：私は外部の先生に来ていただいていることは，自然なこととして受け止めていました。今，なぜ自分がこのグループに参加したいと思ったかを思い出していたんですが，これまで同じ大学院出身のグループとは別の，外の文化に触れてみたいという思いがありました。このグループは，メンバーの先生方のバックグラウンドもさまざまで，時々外部の先生がいらして新しい刺激や視点が入って，確かに雰囲気の違いはあるんですけど，「いろいろある」というのが保たれていることがとても良いところだなと感じます。

メンバーD：私も雰囲気の違いは凄く感じているんですけど，思ってもみなかった先生が講師でいらしたりすると，自分だけでは探せない先生の臨床に触れることができるというか。なかなか接触するのが難しい先生に近い距離で会える機会になるっていうのは，また違う意味の機会を提供されるかなって感じがしました。

メンバーC：それは小寺記念精神分析財団でやらせてもらっている恩恵を受けている点なのかなと思っています。いろんな先生に来ていただけるのも，小寺で開催しているからこそではないでしょうか。

中村：皆がなんとなくかしこまってるのは感じていましたけど，やっぱり何年も同じようなメンバーでやっていると，たとえば私だったらどういう角度や視点でもの言うかとか，それぞれの視点や癖のようなものを皆がなんとなく共有するようになると思いませんか？　けっこう本質的なところに集中する人もいれば，現実的な側面を重視する人，関係性に注

目する人，空気を読まないで発言する人など，さまざまですよね。なる
べく新鮮味のない感じでは終わりたくない。なので，普段は馴染みのな
い視点とか思考に触れることがとっても大事だと考えています。馴染み
のない思考に触れて，また理解と思考が進むという学びに繋がればと思
っているんですけどね。

メンバーE：今，中村先生のお話を伺って思ったのは，ここのグループメン
バーの入れ替えが少ないじゃないですか。新しいメンバーが入る代わ
りに，新しい助言者の先生が来てくださってるのかな，なんてことも少
し考えました。

メンバーF：だからやっぱり日常が，事例検討会のベースがあって，外部
の先生がくる日がある感じで，そこを行き来すること，それが大事なん
じゃないかなと。私はやっぱりベースがとても大事で，その上で，メン
バーややり方も少しづつ代謝していくことが重要なんじゃないか。

グループの成熟と卒業

中村：それが今後の私たちの課題の一つですね。

メンバーF：何となく思ったのは自分も含めてですけど，ずっとこのグル
ープにいたいみたいになってしまってはいけなくて，卒業して今度はそ
の人がグループを作って行くといったように，ハブ機能みたいなことを
担っていく，そうなっていくとより未来につながるのだろうと今話しな
がら思っていました。

メンバーE：卒業，したくないのですが。何年ぐらいで入れ替えるという
か，どの位までがグループの成熟で，どの位からが熟成を過ぎていると
いう感じになるのかなと思うのですが，そのあたりはどうなのでしょう。

中村：それはもうあらゆるグループの形態があると思うんですが，たとえ
ば私の場合で言えば，グループではないんですが，慶應で木曜研究会と
いうのが毎週あって，事例検討が中心なんですけど，20年以上そこに

参加していた経験があるんですね。メンバーは入れ替わり立ち代わりだけれども，ずっと小此木啓吾先生が主催者でスーパーバイザーという位置づけは変わりませんでした。事例を担当するにおいても発言するにおいても，そこではいつも軽い緊張感がありましたが，ものすごく勉強になりました。皆さんも，特定のスーパーバイザーの下でのグループ体験もお持ちでしょうし，それらと比較して，このグループに特有の何かについてありそうでしょうか。

メンバーF：空気を読まないっていうのが私は凄く大事だと思っていて，違う角度だったり，違う学派だったり，そういう違いがあるので，特定の理論，あるいは特定のスーパーバイザーになるべく近づく，賛同されることを言うのではなく，自分はこう思う，人はこう言うけどこう思う，と違うことを言える空間がとても大事かなと思ってますね。考え方の違いとか，異なるところ，さらには違和感もすごく感じられるグループで，それがとっても豊かなことだと思いますね。事例検討会の良さは，みんながそれぞれ違うという多様性をちゃんと認めあって，それが維持されていることなんじゃないのかと思います。

自分の意見を発信できるようになること

中村：グループの目標をどこに置くかによって運営の仕方も違ってくるんでしょうね。たとえば，自分の事例理解をより深めるために，自分なりの意見や仮説を発信できるようになるために，そういうことはある程度は身についた人たちで集まって事例理解を共有するために，などによってグループの性質も変わってくるでしょう。このグループは，どちらかというと，より自由に発信できるようになることを目指しているというのが，皆の暗黙の共有意識なのではないかと思っていたのですが，どうでしょう。

メンバーC：そうですね，皆さんの意見を伺って，自分もいろんなことを

考えているのだけれども発信できていない。自分なりの意見や仮説の発見が自分にとっての課題だなと思っています。先ほど話題になった同じメンバーで続けているグループの体験が自分にもあって，それは同じ大学院の出身の人たちのグループなんです。その良さみたいなのも確かにあるんですよね。そこは精神分析をオリエンテーションとしている人以外もいて，理解が違うなぁと思いながら事例検討会を終えるようなときもあります。それが興味深くもあるのですが。だから，さまざまなタイプのグループに参加しているということはすごく意味があるのだろうとは思っています。

メンバー D：グループスーパービジョンだと，正しい答えが先生から最後に発せられる，で誰々の意見は先生に近いみたいな，そんなところで聞いてる節があって。だけど今はこのグループには自分のモヤモヤしたその言葉にならない感覚をぜひ言葉にしたいと切実に思って参加しています。やっぱりそういう気持ちを自分の空間として保っていられる，そういう抱えられる感じの機能があるので，私としては是非もっとこの会を続けていっていただきたいと思いますし，私にとってはいろんな意味で気を遣わずに自分の世界の中で他者と関わりながら自分の臨床を考えられるというすごくありがたい空間だと思っています。

メンバー B：私も言葉にするという点はまだまだこれからなんですが，先ほど中村先生がおっしゃった，自分なりの意見を発信できることを目指すグループということは，明言はされていないですが，暗にこのグループにそうした機能があるのではないかと感じて，そこは他のグループとの違いなのかもしれないと思いました。

中村：その違い，言葉になりそうでしょうか。

メンバー B：えー，うまく言葉にならないんですけど，先ほどのグループスーパービジョンではないという点もそうですし，あとは，何度かお話に出ているように，それぞれの人がそれぞれの人の臨床観で物を語っているという印象があって，他のグループと比べてそれを強く感じるとこ

ろがあるかもしれません。それが許容されているというか守られている感じがあって，だからこそ，「じゃあ自分はどうだろう」という，自分の臨床的な空間というか，主体性というか，何かそういったものが暗に刺激される，そういった感覚が参加してみてありました。

メンバーE：なんか，いいグループだなぁと思いました（笑）。やはり先生によるのかなという気がしていて，中村先生は，皆さん自由に成長していっていいわよという形で作ってくださっているように思うので，その先生のスタンスというのがとても大きいのかなと思いました。

ファシリテーターの役割

メンバーF：そういう意味では中村先生の，グループのファシリテーターとしての役割…，先生の臨床観が出てるなと思うんですけれども，そこも学ぶところがあって。今，私は外でグループをやる経験が増えています。学派が違うどころか他職種が多い事例検討会に出るようになってて，教育相談所だったり，地域支援であったりするけど，その時の姿勢として，このグループで中村先生から学んだ感じがあります。スーパービジョンではなく，さっきの話で言えば，マルチ・クロスビジョンみたいな感じですね。それを保証していくことの重要性をつかめたので，それを応用してる感じがします。皆さん本当に思ったこと，感じたことをまず言い合ってみましょう，というふうにファシリテーションして，あまりにも外れた時には軌道修正するようにする，そんなやり方をこのグループで学んでる感じがあります。そこは，中村先生はどれぐらい意図してやってらっしゃるのかなと思ってるんですけど。

中村：ほとんど非意図的だと思います。私が一人で主催しているグループもいくつかあるんですが，ずっと一人でやってると，何て言うのかな，一人一人の性格的な特性とか癖のようなものが分かってくるし，ついそれを指摘してしまうこともあって，後で自分の未熟さや不甲斐なさ，と

りわけ精神分析的な態度を守れなかったことに落ち込んで，戒めたりしますね。

メンバーE：ここでも仰っていますよね。

中村：そうなんですかね？　むしろここでは，敢えて私が言わなくても，誰かがそのことを私よりも上手に中立的に触れてくれるので，それに頼っているような感じがあるなあと感じていました。

メンバーF：メンバーもさまざまな学派が参加していいという特徴もありますね。

中村：そのこともこのグループの特徴ですね。自我心理学をベースにしている人，対象関係論を理解の軸にしている人，中間学派，あるいはその他など，いろいろな立場で事例の理解に取り組んでいますが，加えて，一人ひとりのパーソナリティーも違いますよね。そういう異質なものが集まっているところにこのグループの面白さがあるとも感じています。異質なもの同士の集まりではあるけれど，精神分析的という枠組みは共有していて，それぞれのパーソナリティーと精神分析が混じり合って，それぞれの世界が出来上がっているわけで，そういうものをお互いに語り合えることが面白くもあり，今まで続けてこられた要因の一つかなと思います。

グループの多様性と力動

メンバーE：さっきFさんの言われた"マルチクロスビジョン"，初めて出てきた言葉なので説明がいるかなと思いましたが。

メンバーF：複数の人が異なった角度で，あるケース，それから治療者 - 患者関係をみるっていうことで，スーパービジョンはなんか"スーパー"な人が見てくれる感じがしますね。それはそれで意味があるし，スーパーバイザーになる人がそれなりの見識を持ってるっていう前提なんですが，"マルチクロスビジョン"っていうのもすごくて，ああでもな

い，こうでもないと複数のメンバーで物思いをして，それは違うんじゃ
ないか，全然ずれてる！みたいに感じる，時には，思ってもいないこと
を言われたり。そういうことが交差する照らし返しによって見えてくる
ものがある。事例検討を複数でやることで，みんな自分の考えを語れる
ようになってくるとそういう"クロス現象"が起きるんじゃないかができ
きるんじゃないか，スーパービジョンとはまた違う，面白い点かなと思
ってるんですけど。

メンバー A：今回私は事例をもとに書かせていただきました。検討会を振
り返ると，皆がバラバラの違うコメントをしてくれたことで，ケースの
特徴と，転移関係の特徴が自由にグループの中に映し出されているのを
感じたのですが，それがFさんがおっしゃったマルチクロスビジョンな
のかもしれないと思いました。それって多分，グループスーパービジョ
ンみたいな感じだとなかなか難しくて，転移関係や，ケースの特徴の多
面性っていうのが集団に映し出される自由度が低くなってくるのかもし
れないと思いました。

中村：それと関連して，黙っている自由もありますよね。それぞれがそれ
ぞれのやり方で主体的に関与していると思いますので，それは尊重した
いですね。それと，Aさんのお話を聞いていて思ったのですが，皆さん
はどうでしょう，私は事例を聴いていて，これってどうなのって疑問に
感じることもあって，こんな考えでクライエントさんに対応していて本
当に大丈夫なのかなと…。そういう時，ここはグループだからなるべく
ソーシャルな表現で伝えるようにしているんだけれども，でもちょっと
言い過ぎたかなって思ったりすることがあります。その時，他のメン
バーが同じようなことを違う角度から違う言葉で言ってくれる瞬間がけっ
こうあって，そういうところがグループの抱える機能の一つなのかなと
感じることがあります。皆で考えて，皆で言語化を模索することで，理
解と表現がより洗練されたものになっていくという感じで，それが私に
とってのグループ体験の一つだなと感じています。

メンバー F：ああでも無意識に。そうですね。クロスもするけど補完機能
も相互に行っているかもしれないですね。グループの力動であり，体験
ですよね。

メンバー D：逆にこの人のケースの時にはこの人が喋るみたいなのもあり
ますよね。そういう刺激性があるんだなと。関係性みてもちょっと面白
いなとも思います。

メンバー F：遠慮しないというのがすごく大事で，私はこうとか，私はこ
う思わないとかもそうだし，まあ私は黙っているでもいいんだけど，そ
ういうやり方が保証されると，グループの力動が自動的に展開するよう
に感じます。

メンバー C：そういう意味で，今回振り返ってグループとして育ってい
る感じがすごくあると思いました。場を設えただけではこういうグルー
プにはなってこなかったと思っていて，本当にいろんな人がいて，この
バラバラ感がこのグループのある意味特徴だなと思って。大きな枠はあ
るんですけれど，その枠が他のグループに比べるとちょっとゆるいとい
うか，ゆるいけどしっかりしてる枠っていうイメージが私の中にあって，
その中で皆がそれぞれ自由にやってるという感じがします。

中村：そういう意味では，精神分析的心理療法という大枠はありながら，
一人ひとりの個性を尊重してるグループにもなっていると言えるでしょ
うか。

精神分析的心理療法とグループ

メンバー C：たぶん，精神分析的心理療法がそういうものなんだなと思い
ます。

メンバー D：やっぱり先生がおっしゃってたように，個人とその分析理論
というものを，その人の中で咀嚼するための作業をそれぞれがしていて，
それで交流し合っていて，その交流がためになってるっていうんですか

ね。先生の存在感はあるんだけど，こう，見守ってくれて，たまに鋭い
ことを言ってくださるっていうっていうその在り様が，すごく私たちを
自由にしてるのかなって，みんなの発言聞いて思いました。

メンバー B：私は，参加しているメンバーの先生方も一緒に，この場を作
っているという感じがあります。それぞれの人が，やっぱり臨床家なん
だなーって思うことがあって。何かこう，グループでも，誰かが攻撃さ
れて終わっちゃったということもあると思うんですけど，そういう雰囲
気がなくて。

メンバー F：それはないですね。

メンバー B：皆さんが，発表する人のスキルどうこうではなく，事例その
ものを見てらっしゃる感じがして，そこが凄いなあと思っています。

メンバー F：少し広い視点で見ると，精神分析を超えて心理臨床という視
点で見る時に，精神分析のスーパービジョンですごく傷ついた体験をし
た人がいるという話がありますね。そのようなトレーニングにも一定の
意味があるとは思うんですけど，そこを架橋するようなものが事例検討
会と私は個人的には思っています。心理臨床学全体を考える上で，多様
性と違う角度で見るっていうことが，精神分析のみならず，心理臨床と
いう視点でも可能なんじゃないかと私は思っていて。精神分析以外の視
点の人とも行う事例検討会とかも，運営によっては生産的なものになる
可能性を感じます。さらに言えば，他職種との事例検討会も発展可能性
があるのではないか。その時に，このグループでの多様性と自由連想，
それを保護するファシリテーターがいる，という要件を整えれば，必ず
しも精神分析の話だけじゃないんじゃないかと思います。スーパービジ
ョンで傷ついて，もう立ち直れないみたいな体験ではなく，補完機能も，
グループにはある感じがして，心理臨床の事例検討会というトレーニン
グの方法に対して，その価値や良さを発信できることがあるんじゃない
かなと思ってます。

グループの今後について

中村：そろそろまとめに入ってもよろしいでしょうか。小寺でセミナーを
お願いして10年経ちましたので，節目として今回の出版を考えたわけ
ですが，今後について，何かご意見がありますでしょうか。人数や形式，
参加にリミットを設けるかなど，こんなふうにしていきたい，いけたら，
などについて……。

メンバー A：あの，本音を言えば，このままずっと続けばいいなと思って
います。先ほどグループが馴れ合いにならないために他の先生を呼ぶっ
ておっしゃってたこともそうですし，今後の目標を考えなきゃいけない
とか，継続参加のリミットがあってメンバーの入れ替えを考えなきゃ
いけないっておっしゃるたびに，なんかちょっとずつ傷つくというか，何
か喪失の感覚があるのですが……（一同笑）。先ほど皆さんがおっしゃ
ったようにグループが成熟していくのと馴れ合いになっていくのと，そ
のバランスがどんな風になってくのかなと考えてて，成熟して行くのな
らこのままでもいいのになって感じもしています。

中村：敢えて変えなくてもいいのではないかという選択肢ももちろん含ま
れますね。

メンバー F：私は，できれば本当は10年後を見据えていきたいと思って
いて，いつかは，このグループを卒業して，また中村先生が果たしてい
る役割を継いでいくという代謝をしていく。子がだんだん親にもなって
育てていく役割になることで裾野が広がっていく，そんなイメージです。
それが，文化の発展だし，臨床の継承だっていう理念はあります。そう
してかないと，心理臨床とか精神分析的心理療法の発展がないんじゃな
いでしょうか。

メンバー C：本音を言えば，ずっと続けていたい。せっかくこのグループ
を立ち上げてこうやって続けてきているので，続けていくこともすごく
意味があることなんじゃないかなと思っています。でも，大事なのは中

身だと思うので，何て言えばいいのかな，ほっとした状態でこのグループにいるような感じがしているので，もうちょっと発信することを考えながら参加しなければいけないなとは感じました。

同世代のグループにメンバーとして参加すること

メンバーE：Fさんは，グループに参加しながらも，自分のグループをやっている，同時にやっていらっしゃいますよね。だから，私たちがいる場というのもあっていいんじゃないのかなと思いました。

メンバーA：そう思う。

メンバーF：そうですね。同時にやってるのはすごいいいですけど…。

メンバーD：同じくらいのキャリアでグループがやれるって，ほんと少ないと思うので，何とか維持していっていただけると私はありがたいと思うし，やっぱりグループに出て皆の中にいながら，自分一人で考えるという体験は，みんな持つといいと思います。だから私たちのことを考えれば，このグループは，どんな形でも続けていただきたいと思うけど，また別の若手の教育とか機会ということから考えると，そういう機会は，他の人にもあった方がいいかなっていう風に思うし，折衷案的な（一同笑）。

メンバーF：だから本を書くわけですからね。そうした体験をシェアするために。

メンバーB：私，入ったばっかりなので，このまま続いてほしい（笑）。でも，参加させていただいてとても良かったので，新しい人たちにも機会が開かれていてほしいなという思いも同時にあります。

中村：ここのメンバーが豊富な経験者だということを考えると，事例提供が順番に回ってくることが，心理療法家としてのアイデンティティと連続性を保つ上でものすごく大きいのではないかと思っています。ケースレポートをまとめる作業もそうですし，それを皆に共有してもらい，賛

同も批判も受けるという作業もそうですね。経験を積むにつれて，どうしてもそういう機会は少なくなりがちなんですが，グループに参加することによってさらなる研鑽へと励ましてもらうことが出来ます。それがこのグループの大きな機能ではないかと感じています。経験を積むと，好むと好まざるとにかかわらず，スーパーバイザー的役割をある程度は引き受けざるを得ないということがあると思います。グループの中で，同じ心理療法家としての目線と立場で，なるべく率直に語り合えることが有り難いと感じます。

メンバー F：どっちもやったほうがいいっていうのは，メンバーとして，同じ臨床家として，切磋琢磨してくっていう感じと，ちょっとお姉さんやお兄さんや親になって若手を育てるっていうことを，同時にやってくって体験がわれわれの成長にとって大事な感じがするので，ずっと子どもでいるだけじゃダメなんじゃないか。

コロナ禍における臨床と事例検討会

中村：本当にそうですね。最後に，現在のコロナ禍の中で私たちの臨床は深刻な試練を受けています。日々の臨床を始め，この事例検討会の継続も危ぶまれることがありました。また，今回の書籍化もそれによって当初の予定を大幅に変更せざるを得ませんでしたね。臨床実践に関してはそれぞれのお原稿の中でも触れておられることがあると思いますので，ここでは私たちの活動全体，とりわけ事例検討会にまつわる体験について，現時点で感じていることや，未来に向けての指針など，ご意見があればお願いしたいと思います。私自身は不得手なオンラインに苦労しながらも，何とかこの一年間，継続出来たことは本当に有り難いことだと感じています。すごく支えてもらいました。オンラインによってなんとか連続性は保つことが出来たという思いと，やはり対面での直の交流に勝るものはないという思いがずっと錯綜しています。この状況下で目立

たないところでじわじわと私たちの心をむしばんでいるものがあるのではないかということも心配しています。

メンバー F：事例検討会に限って言えば，会の形式を保持することは可能だったという感想です。中止にしてしまうことよりは絶対よかった。ただし，そのためにはネットや機器の設定やセキュリティの確保などの，環境を構築する作業が重要ですね。ちょっと音声が聞こえない，ズレる，ハウリングするなどの変化だけでも事例検討会の空気は壊れてしまうのを感じます。事例検討会の探究的な空間というのはとてもデリケートなものだと改めて感じました。そして，この事例検討会はお互いが知り合っていたところでコロナ禍が来たというのは大きくて，グループの力動が出来上がっているので，オンラインで情報が制約される所をメンバーが意識・無意識に想像力や配慮で補って会を進めてきたように思います。これがまったく未知でオンラインのみで開催ということになったら，それは全く違うものになるだろうな，と感じました。私の感想はあくまでもオンラインを代替的に使っていくということですね。対面の空気感やグループ力動を構築してから用いる，というのが望ましいと感じました。

メンバー B：ハイブリッド形式での開催が続く中で，先生方がマイクやモニターを工夫して，どんどんやりやすくなっていったのが印象的でした。最初は会場の声がオンラインの方に届きにくくて，その都度マイクに近づいて話したり，普段より大きな声で話したりして，その場の流れが一旦止まる感じもあったんですけど。1年間，このサイズのこの事例検討会に適したオンライン環境を模索して，より自然に，これまでと近い形での空間が保たれるよう試行錯誤していたと思います。それでも対面とは違いますが，人との交流が減ったコロナ禍で，この場が継続されたことはとても有り難かったです。

メンバー A：私もこの場がどのような形でも継続していた事はとても助かりました。もちろん皆が実際集まって開催される事例検討会が一番理想的ですが，どんな状況になってもその状況で最善を尽くそうと工夫する，

クリエイティブにいろいろなものを取り入れて場を守っていくという皆さんの柔軟さは，とても心強かったです。

中村：それでは，本日の座談会はこのくらいで終了させていただきたいと思います。率直に話し合うことが出来て，貴重な時間となりました。気がつけば10年，このグループを続けてこられたのは参加してくださったメンバーのおかげです。感謝しています。（終）

［編集付記：7名での座談会の記録を，修正を入れながらほぼ逐語に近い形で掲載しました。お互いの発言を聞きながらそれぞれが連想し考えたことを自由に交流しあう，という私たちの事例検討会での力動が現れているように感じています。時に流れを汲まない発言や，補完，お互いの考えや言葉の取り入れなど，普段の事例検討会の様子をご想像いただけるのではないかと思っています。（北村麻紀子）］

おわりに

　ある程度の経験者が集う事例検討会について，メンバーはそれぞれいろいろな角度から真面目にありのままの体験を語ってくれたと思います。

　岩倉先生の「事例検討会のすすめ」は皆の考えとこのグループの趣旨を代表している巻頭言に相応しい内容です。岩倉先生は，日頃から最も積極的に意見を述べてくれますし，グループの中心的存在です。グループの在り方とその機能について総合的にまとめてくれました。北村先生は，グループにおける体験を通して，グループに参加することの意義と，表現してみることの重要性とそのための場を作り上げていくこと，などについて明確に論じてくれました。北村先生はいつも独自の視点や理解を主体的に発言してくださり，またその内容はいつも簡潔でとても納得のできるものです。伊藤先生は，グループの目的とその育む機能について論じてくれました。グループの中でかかえられ，より専門的な方向へとすすむための励ましをもらい，さらなる育ちへとつながることは，グループの魅力の一つです。また，グループでは多様な意見に出会うことによって揺らぎや思考の停滞すらも生じ，場合によっては必ずしも建設的な議論が展開されるとは限らず，自己愛の傷つきの場にもなり得るという戸谷先生の指摘もとても重要です。とても率直にその痛みについて触れてくれましたし，他者性を提供する場としてのグループの意味についても語ってくれました。事例検討会の実際については，本当はすべての方に執筆してもらいたかったのですが，紙数の関係で三名の先生にお願いすることになりました。小尻先生，菊池先生，野村先生が臨場感とともに語ってくれました。メンバーが自由に対等に語り合うというグループの特徴がよく伝わる内容になっているのではないかと思います。どの事例においても，皆の前で事例について語る

ということは，否応なく自分自身についても語ることになるという視点が生き生きと語られていると思います。クライエントについて報告していても，そこにはそのクライエントとの交流のなかで意識的にも無意識的にもうごめいているセラピストもいるわけですから，意識するしないにかかわらず，セラピスト自身についても語ることになります。だからこそ，抵抗や反発が起きたり，傷ついたり，新たな気づきが生まれたりするのでしょう。誰にも必ず盲点はあります。往々にして自分自身の神経症にかかわる領域は盲点になりやすいと思いますが，それらに向けての気づきが生まれる体験の重要性が伝わればと思います。コラムでもいろいろな角度から貴重なご意見をいただきました。皆がそれぞれの体験について誠実に語ってくれたと思います。山﨑先生の記録についての振り返りについては，今回だけの試験的試みでしたが，記録それ自体というよりも，そこでの連想と心の中に止まるものこそ重要というご指摘に同感です。最後の座談会は，北村先生が編集を担当してくれました。実際の記録を半分近くにまとめましたので，大変な作業だったことと思います。全体を読ませていただいて，事例をグループで検討することの意義とともに，グループを形成し継続するための工夫や意味についても考えることができました。そして，メンバーがこのグループを時には苦しみながらも楽しんでいる様子が表れているのではないかと思います。

　一方，事例検討会でたびたび経験することがあります。最初の出会いからアセスメント面接の段階ではかなり深刻な状態で，治療的な変化の可能性はあまり期待できず，そもそも精神分析的な面接が継続できるかどうかさえ危ういと思われるようなクライエントであっても，しばらくすると，最初に見立てたよりははるかに理解力や言語表現能力も高く，セラピストとの交流を意味あるものとして活用し，可能性が感じ始められるようになることがあります。最初の見立てが不十分だったと言ってしまえばそれまでですが，経験豊かなセラピストによる忍耐強い許容的なかかわりによって，クライエントが少しずつ変化し，潜在的な可能性が開かれ育まれてい

く様に接するとき，週一回の対面面接ではあっても，精神分析的な面接の
持つ大きな力と可能性を実感します。そのような意図に反した展開や可能
性を実感できるがゆえに，事例検討会はいつまでも飽きることがないのか
もしれません。

　なお，ここで論じた精神分析的・精神力動的な観点とグループに関する
諸検討は，精神分析的心理療法の実践に止まらず，広く臨床現場に生かさ
れるのものであると考えています。治療構造を作ること，構造の在りよう
を踏まえること，その構造の中で起きていることの観察と理解，関係性を
育むこと，維持することなど，あらゆる臨床場面で必要とされる考えであ
ると思います。とりわけ心理臨床家にとって，このような視点を踏まえる
ことで，より人間的で立体的なクライエントとの交流が可能になるのでは
ないかと思います。心理臨床の世界では，精神分析的な理解で臨床に取り
組みたいと思っても，なかなか構造化された面接が実践できなくてもどか
しい思いを抱えている臨床家がたくさんいます。隔週でしか面接できない，
時には月一回になることもある，面接は30分と決められている，家族に
対する面接，コンサルテーションやマネージメントなど，言わば精神分析
的面接の応用に携わっている人たちです。そういう臨床家を対象とした事
例検討も私たちは別のところで行っていますが，どのような場面であっ
ても，今回述べたような認識と理解は有用ですし，活用可能と思います。
精神力動をアセスメントする，治療構造論的視点の取り入れ，治療関係の
なかで考えてみる，という視点に立つことで，クライエントとの交流がよ
り豊かになったり，面接が生き生きとし始めたり，自分が行っていること
の意味が明確になったり，という経験につながります。そこで起きている
ことの意味を把握することによって，難しい問題でもなんとか抱えること
が出来るようになることもあります。もちろん，精神分析的な理解は構造
化された毎週の面接の経験から学べることが圧倒的に多いですから，それ
を経験してみることが近道ではあると思いますが，応用編的な取り組みお
いても，その視点が生かされるところに精神分析や精神力動論の持ち味が

あります。また，グループの在り方について，今回は半固定メンバーによる構成のグループについて検討しましたが，グループ研修の意味，そこで生じる葛藤や課題などについては，他の形式のグループにも通じるものが多いと思います。グループの病理化を回避し，創造的な場とするための試みをある程度はお伝えすることが出来たのではないかと思います。

　最後に，このセミナーでは幸運にも今までたくさんの先生方のご支援をいただくことが出来ました。一回いらしてくださった先生もおられれば数年にわたっていらしてくださった先生もおられます。助言者として参加してくださった先生方の生きた教えから学んだことは計り知れなく，臨床家としての励ましと勇気をいただきました。ご尽力いただきました先生方のお名前を挙げさせていただき，感謝を捧げたいと思います。

　乾　吉佑先生，狩野力八郎先生，北山　修先生，鈴木智美先生，

　平井正三先生，深津千賀子先生，福本　修先生，藤山直樹先生，

　松木邦裕先生，妙木浩之先生

　また，今回の出版に当たり，岩崎学術出版社の長谷川純様に計り知れないほどお世話になりました。こういうことに慣れていない私たちの企画に辛抱強くおつきあいくださり，さまざまのご意見ご提案をしてくださり，そのおかげでようやくこの企画が実現しました。長谷川様のご尽力なしには成し得ないことでした。深くお礼申し上げます。

　さらに，かつて少人数で始まったグループをなるべく公の集まりにすることで，グループの社会化と活性化を図ることができるのではないかという思いから小寺記念精神分析研究財団でのセミナー開催を希望しましたが，当時の理事長であった亡き狩野力八郎先生は快く私たちの願いを受け入れてくださいました。深く感謝申し上げます。そして，いつも変わることなく学びの場を提供してくださっている現在の理事長である藤山直樹先生に心からの感謝を申し上げます。藤山先生は助言者としても何度もいらしてくださり，いつもとても魅力的で新鮮で可能性を含むコメントをしていただきました。重ねてお礼申し上げます。そして，きめ細やかな設定と援助

でいつも私たちを支えてくださっている事務局の大原眞由美様に感謝を申し上げます。

　すべての臨床家たちにエールを込めて本書をお届けしたいと思います。

中村 留貴子

編著者略歴

中村留貴子（なかむら　るきこ）
日本大学文理学部心理学科卒業。臨床心理士。日本精神分析学会認定心理療法士・スーパーバイザー。山梨日下部病院（精神科）、慶應義塾大学医学部精神神経科教室、東京国際大学人間社会学部臨床心理学研究科などを経て、現在は千駄ヶ谷心理センター（SPC）において心理療法、スーパービジョンを行う。
著　書　入院治療における治療構造論的理解——A–T スプリットによる個人精神療法の立場から、岩崎徹也他編「治療構造論」（岩崎学術出版社，1991）、転移と現実的関係——治療構造論の観点から（精神分析研究 第45巻3号，2001）他

岩倉　拓（いわくら　たく）
横浜国立大大学院教育学研究科修士課程修了。臨床心理士。精神分析学会認定心理療法士。
電話相談員、精神神経科クリニック、スクールカウンセラー、大学病院心理士、保健所・乳児院コンサルタント等を経て、現在あざみ野心理オフィス主宰。
著　書　事例で学ぶアセスメントとマネジメント（分担執筆，岩崎学術出版社）、パーソナリティ障害の精神分析的アプローチ（分担執筆，金剛出版）、子どものこころの理解と援助——集団力動の視点から（分担執筆，日本評論社）、心理臨床家の成長（分担執筆，金剛出版）

菊池恭子（きくち　きょうこ）
東洋英和女学院大学大学院人間科学研究科修了。臨床心理士。公認心理師。精神科クリニック、中学校スクールカウンセラー、大学学生相談室、産業領域などでの臨床を経て、現在は主に西新宿臨床心理オフィスにて個人心理療法を行う。
著　書　事例で学ぶアセスメントとマネジメント（分担執筆，岩崎学術出版社）、トラウマの精神分析的アプローチ（分担執筆，金剛出版）

北村麻紀子（きたむら　まきこ）
慶應義塾大学大学院修士課程修了。臨床心理士。精神科病院、大学学生相談室などの臨床を経て、現在は表参道にて個人開業。
著訳書　チームで変える！第二世代抗精神病薬による統合失調症治療（分担執筆，中山書店）、自我心理学の新展開（分担執筆，ぎょうせい）、ロールシャッハテストの所見の書き方（共著，岩崎学術出版社）、思考活動の障害とロールシャッハ法（共訳，創元社）、ロールシャッハ法による精神病現象の査定（共訳，創元社）

小尻与志乃（こじり　よしの）
上智大学大学院博士後期課程満期退学。臨床心理士。精神科病院、クリニックなど医療領域での臨床経験を経て、現在は、産業領域や開業領域で臨床を行う。西新宿臨床心理オフィス所長。
著訳書　ウィニコット著作集4 子どもを考える（共訳，岩崎学術出版社）、事例で学ぶアセスメントとマネジメント（分担執筆，岩崎学術出版社）、サイコアナリシス・オンライン（共訳，岩崎学術出版社）

著者略歴 （執筆順）

野村真睦 （のむら　まさちか）
東京国際大学大学院博士課程前期修了。臨床心理士，公認心理師，精神保健福祉士。大学病院精神科，精神科クリニック，スクールカウンセラーなどを経て，現在は東京医療センター，千駄ヶ谷心理センター（SPC）にて臨床を行う。神奈川大学大学院などで非常勤講師。
著訳書　精神分析的心理療法──実践家のための手引き（共訳，金剛出版）

伊藤幸恵 （いとう　ゆきえ）
東京国際大学大学院修士課程修了。臨床心理士，公認心理師，日本精神分析学会認定心理療法士。聖マリアンナ医科大学病院神経精神科勤務を経て，現在は北参道こころの診療所，千駄ヶ谷心理センター，リンクスメンタルクリニックにて臨床に携わる。白百合女子大学大学院にて非常勤講師を務める。
著　書　福祉臨床シリーズ4　臨床に必要な心理学（分担執筆，弘文堂），精神分析／精神科・小児科臨床セミナー総論：精神分析アセスメントとプロセス（分担執筆，福村出版）

戸谷祐二 （とだに　ゆうじ）
慶應義塾大学大学院社会学研究科後期博士課程単位取得退学。日本精神分析学会認定心理療法士。臨床心理士。精神科病院，精神科クリニックを経て，現在明治学院大学学生相談センター主任カウンセラー。またひかわカウンセリングセンターにて精神分析的心理療法を実践している。

コラム執筆者 （執筆順）

堀江姿帆 （ほりえ　しほ）
東京成徳大学大学院心理学研究科博士前期課程修了。臨床心理士。精神科クリニック，大学付属相談室での臨床経験を経て，現在は西新宿臨床心理オフィス，こば心療医院で精神分析的心理療法を実践。

小野田直子 （おのだ　なおこ）
慶應義塾大学大学院修士課程修了。臨床心理士，公認心理師，日本精神分析学会認定心理療法士。精神科病院にて臨床実践を始め，現在は大学非常勤講師，学生相談カウンセラー，大学病院精神科非常勤心理士として勤務。医療法人社団慶神会　武田病院心理士。
著訳書　臨床精神医学講座　人格障害（分担執筆，中山書店），精神分析的心理療法におけるコンサルテーション面接（共訳，金剛出版）。

山﨑孝子 （やまざき　たかこ）
早稲田大学卒業。公認心理師。臨床心理士。精神分析学会認定心理療法士。教育相談，学生相談，精神科クリニック，民間の相談センターなどを経て，現在は主に個人開業のオフィスにて個人心理療法を行う。
著　書　トラウマの精神分析的アプローチ（分担執筆，金剛出版）

西村玲有 （にしむら　れあ）
上智大学大学院博士後期課程満期退学。臨床心理士。公認心理師。児童相談所，精神科病院を経て，現在は鷗友学園女子中学高等学校，医療法人高仁会，こころのドア船橋にて臨床を行う。東京都中部総合精神保健福祉センター講師，開智国際大学非常勤講師。
著訳書　フロイト症例論集2──ラットマンとウルフマン（共訳，岩崎学術出版社）

太田百合子 （おおた　ゆりこ）
白百合女子大学大学院博士課程修了。臨床心理士。公認心理師。日本精神分析学会認定心理療法士。国立病院，精神科クリニックなどの医療領域での臨床経験を経て，現在は主に開業領域で臨床を行う。白百合女子大学非常勤講師。
著　書　摂食障害の診断と治療 ガイドライン2005（分担執筆，マイライフ社），トラウマの精神分析的アプローチ（分担執筆，金剛出版）

事例検討会のすすめ

—皆のこころで考える心理療法—

ISBN978-4-7533-1191-0

編著者

中村留貴子

岩倉　　拓

菊池　恭子

北村麻紀子

小尻与志乃

2021年10月26日　　第1刷発行

印刷　（株）新協　／　製本　（株）若林製本工場

発行所　（株）岩崎学術出版社　〒101-0062 東京都千代田区神田駿河台 3-6-1

発行者　　杉田 啓三

電話 03（5577）6817　　FAX 03（5577）6837